REPROGRAMMEZ VOTRE CERVEAU AVEC LA PNL

Programmation Neurolinguistique – Le mode d'emploi du Cerveau

Manuel avec les plans et techniques de la PNL afin d'atteindre l'excellence

2ème Édition

Steve Allen D.

Edition 2.0 – Juillet 2015.

Publié par Steve Allen sur CreateSpace

ISBN: 978-1539571377

Découvrez d'autres titres du même auteur sur
www.amazon.com/author/pnl

Table des Matières

Introduction 9

Atteindre l'excellence à l'aide de la PNL 10

Qu'est-ce que la PNL ? 11

À qui s'adresse la PNL ? 12

De quelle façon peut vous aider la PNL ? 14

Commencez à utiliser la PNL 15

Utilisez votre connaissance. 16

Comment la PNL peut faire la différence ? 16

Vue sur l'intérieur de notre cerveau 17

Votre cerveau 17

Neurones et connexions cérébrales 18

La pensée 19

Le système limbique, les émotions et la pensée 20

Pourquoi les femmes peuvent-elles être différentes des hommes ? 21

Lorsque nous dormons… 21

Les concepts de base de la PNL 23

Les présuppositions de la PNL 23

« La carte ne désigne pas le territoire – Ma carte mentale du monde est différente du sien » 24

« Vous avez au fond de vous toutes les ressources nécessaires réussir ce que vous voulez »......................25

« Chaque comportement sert dans un certain contexte » 26

« Derrière chaque comportement se cache une intention positive » 26

« Si ce que vous faites ne marche pas, essayez autre chose » 26

« L'échec n'existe pas, il n'y a que la rétroaction ».......26

« Le sens de la communication est la réponse qu'il engendre » 27

« Les personnes prennent la meilleure décision avec les informations qu'elles détiennent à ce moment précis. » 27

Les 4 concepts clefs de la PNL.....................................28

1. Rapport 28

2. Vos attentes et objectifs..32

3. Les Systèmes de représentations et nos Sens............34

4. La Flexibilité 40

Les croyances, souvenirs, valeurs et critères...................43

Les Croyances 44

Valeurs et critères 54

Les techniques de la PNL pour contrôler son cerveau ...57

Comment contrôler son cerveau................................57

Comment intensifier ses états positifs et atténuer les négatifs 58

Comment faire taire votre dialogue intérieur 61

Comment réussir à se motiver 61

Comment détecter les stratégies mentales des autres 66

6 étapes techniques pour atteindre la maîtrise de ses émotions. 71

Technique de la PNL permettant d'éliminer l'inquiétude et l'anxiété................... 75

La technique du cercle d'excellence 76

Schémas de redéfinition pour changer le focus d'attention et élargir la carte mentale. 79

Étape 1 : Intention positive ou bonne intention............ 80

Le recadrage de contenu 80

Comment recadrer les critiques................... 81

Générer des affirmations positives à partir de bonnes intentions................... 82

Transformer la critique en question 82

Schéma 2 : Redéfinition 84

Schéma 3 : Analogies et métaphores................... 85

Types de raisonnements 86

Schéma 4 : Changement d'objectifs................... 88

Exercice 89

Étape 5 : Recadrer et changer la dimension de votre cadre..90

Recadrage 91

Exercice 97

Schémas de langage...99

Les Métaprogrammes...100

S'éloigner/S'approcher...101

Global/Détails...101

Tourné vers le passé/ vers le futur...........................103

Options / Procédés..103

Proactive/ Réactive...104

Métamodèle...105

Les questions du métamodèle.................................106

Guide simplifié du métamodèle..............................107

L'Ancre..111

Comment se créent les ancres ?..............................112

Exercice 114

Final..117

Introduction

"Il ne sert à rien d'attendre, le bon moment n'arrive jamais.
Commencez ici et maintenant, avec les moyens disponibles.
Vous en trouverez de meilleurs sur le chemin"

La programmation neurolinguistique ou PNL étudie
l'influence que possède le langage sur notre programmation
mentale ainsi que sur le reste des fonctions de notre système
nerveux. L'essence même de la PNL réside dans le fait que le
fonctionnement de notre système nerveux est intimement lié à
notre capacité linguistique. Les stratégies á travers lesquelles
nous agissons sont basées sur des modèles neurologiques et
verbaux.

Les mots ont le pouvoir de refléter nos expériences
externes autant que de modeler nos expressions mentales. Cela
en fait de puissants instruments afin de manipuler nos
processus mentaux conscients et inconscients. Cela signifie que
le simple fait de "parler de quelque chose" peut faire beaucoup

plus que refléter ce que nous percevons. En réalité nous pouvons créer ou modifier ces perceptions. Notre langage joue un rôle essentiel au niveau des processus de changement et de guérison.

Atteindre l'excellence à l'aide de la PNL

Vous interagissez et communiquez chaque jour avec d'autres personnes par l'intermédiaire du langage, de vos actions, votre langage corporel et même au travers de vos expressions faciales. Le contact peut être établi de façon directe, en face à face, mais aussi par voie téléphonique ou par mél. Cette interaction aura une influence sur votre façon de ressentir les choses, de réagir á certaines situations et l'effet que cette action aura sur d'autres personne. La programmation neurolinguistique (PNL) vous offre les outils et techniques pour vous aider à :

- Communiquer de façon active

- S'auto-motiver et motiver les autres.

- Penser positivement.

- Faire la différence grâce à ses actions.

Les moyens mis en oeuvre par la PNL vous aideront à comprendre comment fonctionne votre cerveau et celui des autres, tout en vous permettant d'acquérir les capacités pour atteindre l'excellence personnelle et professionnelle.

Qu'est-ce que la PNL ?

Programmation : Mis en relation avec les schémas comportementaux que vous apprenez et répétez. Analysez les pensées internes et schémas comportementaux qui vous aideront à évaluer les situations, résoudre des problèmes et prendre des décisions.

Neuro : Relatif au cerveau et à ce qui se passe dans votre esprit. Analyse l'usage que vous faites de vos sens pour d'interpéter ce qui vous entoure. Les processus neurolinguitiques agissent sur vos pensées, vos émotions, votre physiologie et comportements subséquents.

Linguistique : Rattaché au langage et à son utilisation. Analyse la façon dont vous utilisez le langage pour communiquer avec autrui et l'influence que cela apporte à votre expérience.

La PNL se décrit comme l'étude de l'excellence humaine et montre comment communiquer efficacement et influencer les autres. Elle a été développée dans les années 1970 par un groupe de psychologues qui ont menés une étude sur des gens ayant réussi, avec l'objectif d'analyser le comportement humain. Le groupe était formé par Richard Bandler (psychologue), John Grinder (Linguiste) et Gregory Bateson (anthropologue). Ils prirent en compte les styles de langage, schémas cérébraux, tout en observant comment les mots et actions se rejoignaient pour créer certains programmes ou séquences comportementaux.

Dès lors, la PNL a continué à se développer, aidant à une meilleure compréhension des processus de la pensé, des schémas de langage et du comportement humain. Elle fournit des processus afin de comprendre comment fonctionne les expériences humaines, comment les traiter, comprendre comment les hommes pensent, ressentent et réagissent.

La PNL est un savoir-faire fondamental qui permet d'améliorer l'efficacité et l'impact de la comunication. Elle vise à faire comprendre les expériences humaines et la relation ente l'esprit, le corps, les émotions et nos actions.

À qui s'adresse la PNL ?

Les habilités fournies par la PNL facilitent la communication, la gestion d'équipes, l'administration de projets mais permet de faire face à des situations difficiles et favorisent l'interaction que ce soit avec autrui ou pour atteindre une excellence personnelle. Les dispositions mises en place permettent la réussite d'une profonde compréhension des schémas comportementaux et de la façon dont les gens agiraient face à de situations diverses et variées. Elles vous aideront à travailler plus efficacement. Tout le monde peut bénéficier de la PNL, que vous fassiez des affaires, soyez sportifs, acteurs, étudiants, lideurs, politiciens, etc.

La maîtrise que vous avez de la communication avec le monde externe déterminera votre degré de succès face à autrui, que ce soit sur le plan personnel, émotionnel, social ou économique. Qui plus est, le niveau de succès que vous percevez intérieurement est le résultat de votre propre communication interne. Ce que vous percevez n'est pas le résultat de ce qui survient dans votre vie, mais l'interprétation que vous lui en donnez. Vous êtes la seule personne à pouvoir décider comment vous voulez vous sentir, agir, selon la manière dont vous avez choisi de percevoir vos expériences.

Vous devez savoir que les états émotionnels, comme la dépression, ne sont pas des choses qui arrivent aux gens comme cela, au hasard. Une personne ne "tombe" pas en dépression, mais il la crée, de la même façon que la création d'autres "résultats" de la vie, au moyen d'actions mentales déterminées. Une personne qui se sent déprimée contemple la vie d'une manière particulière, se dit les choses d'une voix déterminée et adopte une posture physique particulière.

La même chose se produit avec les personnes ayant du succès. Qui atteint l'excellence suit un chemin cohérent jusqu'à la réussite. Les personnes pourraient accomplir presque n'importe quelle tâche si, au fond d'elles-mêmes, elles réussissaient à trouver toutes les ressources pour le croire et mettre la main à l'oeuvre. Nous pouvons tous mettre à jour notre force intérieure. Mais il faut pour cela que nous apprenions à mettre en marche et utiliser notre esprit, notre corps d'une façon plus puissante et profitable.

De quelle façon peut vous aider la PNL ?

Pensez à quelques activités quotidiennes que vous devez réaliser

- Des réunions.

- Communiquer avec des membres de l'équipe.

- Faire affaire avec les consommateurs.

- Faire des interviews.

- Apprendre de nouvelles informations.

- Étudier pour un examen.

- Préparer et faire des présentations.

- Atteindre vos objectifs.

Préparez votre propre liste d'activité et lisez ce libre avec cette liste en tête. Pensez à la façon dont vous pourrez gérer ces activités de manière différente dans le futur.

. Ce qui différencie l'échec du succès n'est pas lié aux choses qui nous arrivent. La différence est liée à la façon dont nous percevons "ce qui nous arrive" et notre façon de réagir en conséquence.

Commencez à utiliser la PNL

Un des príncipes de la PNL est de comprendre vos désirs, ce que vous voulez (vos objectifs et résultats). De la même forme dont vous parlez à un chauffeur de taxi pour lui indiquer votre destination, vos intentions doivent être claires, ce qui vous aidera à atteindre les résultats recherchés. Repensez à votre liste de tâches quotidiennes de l'exercice précédent et répondez aux questions suivantes en pensant à la façon dont vous agiriez :

- Que voulez-vous améliorer ?

- Quels aspects de votre travail aimeriez-vous mieux comprendre ?

- Pour quelle raison agissez-vous de certaines façons dans différentes situations données ?

- Quelles habitudes ou schémas réptétez-vous les plus souvent ?

- Pourriez-vous améliorer votre façon de communiquer avec les autres ?

Gardez ces questions à l'esprit lorque vous explorer les príncipes clefs de la PNL.

15

Utilisez votre connaissance.

Rappelez-vous que seules les actions produisent des résultats. La connaissance n'est rien de plus que du savoir, excepté lorsqu'il tombe dans des mains qui savent comment agir avec efficacité.

De nombreuses fois nous nous trompons en pensant que les personnes qui réussisent ont du succés car elles ont un don spécifique. Cependant, le seul don qu'elles possèdent et qui les détachent des autres est le plus souvent leur capacité à agir. Et ce "don" peut être développé par chacun d'entre-nous.

Comment la PNL peut faire la différence ?

Nous avons tout d'abord besoin de comprendre comment se créent nos schémas de pensée, de comportements et comment se développent nos habitudes et programmes mentaux dans le temps. Nous pourrons par la suite établir différentes formes afin de reprogrammer nos esprits et créer de nouveaux chemins pour atteindre le succès.

Vous stockez beaucoup d'informations dans votre esprit basées sur vos expériences et vos sens. Ces informations sont associées à certaines personnes, lieux ou situations et peuvent être positives ou négatives. Comprendre comment utiliser nos expériences positives comme une banque de ressources est aussi important que d'apprendre à gérer des situations négatives dans le but de ne plus reproduire vos anciennes habitudes.

Vue sur l'intérieur de notre cerveau

Votre cerveau

Le fait de comprendre comment se créent vos pensées et comment votre cerveau crée des connexions peut vous faire voir comment faire face à certaines situations, de façon consciente ou inconsciente. Apprendre à changer vos habitudes, redéfinir vos pensées, vous permettra d'avoir une meilleure flexibilité et de développer de nouvelles approches face à des situations complexes.

Informations concernant le cerveau :

- Il pèse 1400 grammes.

- est composé à 80% d'eau, 12% de gras et 8% de protéines.

- Il contient 13 milliards de neurones, et contrairement à ce que l'on croit, le corps génère des milliers de nouveaux neurones chaque jour.

Neurones et connexions cérébrales

Les neurones sont les responsables de votre pensée. Au fur et à mesure que vous pensez, imaginez ou apprenez quelque chose, des messages sont transmis entre neurones pour arriver à former des connexions cérébrales. Chaque neurone communique en libérant des substances chimiques appelées neurotransmetteurs qui transmettent les messages entre les neurones.

Les dendrites et axones font la liaison entre chaque neurone. Les dendrites reçoivent l'information et les axones la transmettent. Il existe entre chaque neurone un petit espace appelé "synapse", par lequel circulent les neurotransmetteurs.

Le cerveau change constamment à mesure que les connexions synaptiques grandissent et ne deviennent plus stables. Quand les connexions ne sont pas utilisées elles faiblissent et se perdent éventuellement. L'activité intellectuelle maintient les connexions synaptiques fortes et saines.

Vous possédez dans votre cerveau un potentiel infini, et il est probable que vous n'utilisiez que 5% de ce potentiel.

« Le cerveau est l'organe le plus complexe du corps humain et a la plus grande capacité à se réinventer ».

La pensée

Les trois régions impliquées dans le fonctionnement de la pensé sont :

a. Le cortex cérébral

- Les hémisphères gauche et droit.

- Gère les informations visuelles, auditives et du toucher. Contrôle les processus intelectuels (parler, voir, entendre, raisonner, penser).

- Cette zone étudie les situations et décide comment réagir en fonction des souvenirs précedents.

b. Cerveau mammifère (système limbique)

- Contient l'amygdale, l'hypothalamus, le thalamus et l'hippocampe.

- Possède un rôle vital concernant la mémoire à long terme.

- Contrôle les émotions, la sexualité, la santé et le système immunitaire.

- Maintient la pression sanguine, le rythme cardiaque, la température et le niveau de sucre dans le sang.

c. Cerveau reptilien

- Contrôle la respiration, le sommeil.

- Détecte les informations sensorielles, contrôle la température et la digestión.

Le système limbique, les émotions et la pensée

Le système limbique est connu comme la base de nos émotions. À mesure que l'information voyage jusqu'au système limbique, celui-ci se connecte à une émotion ou un souvenir pour classer les données dans notre cerveau. Les émotions sont ensuite stockées jusqu'à ce que l'on en ait besoin.

Amygdale : En forme d'amende, est le lieu où nous ressentons nos émotions.

Hypothalamus : Est un centre de traitement qui reçoit et envoie des messages. Il contrôle aussi l'hypophyse, qui libère les hormones liées aux réponses fuite-combat.

Thalamus : Responsable des connexions de l'information sensorielle.

L'hippocampe : Enregistre et gère les souvenirs à long terme. Il atteint sa maturité aux alentours de 3 ans d'âge.

Corps calleux : Connecte l'hémisphère gauche et droit du cerveau en permettant la communication entre eux (un aspect clef de la pensé et du comportement).

Pourquoi les femmes peuvent-elles être différentes des hommes ?

Le corps calleux est légèrement plus grand chez les femmes, il contient plus de connexions neuronales, les différentes régions du cerveau peuvent ainsi communiquer plus rapidement. Des recherches suggèrent que c'est cet aspect qui facilitent aux femmes les capacités multitâches, pour communiquer, exprimer ses sentiments et comprendre les émotions des autres personnes.

Lorsque nous dormons...

Le sommeil nous offre un temps important afin d'apprendre et mémoriser. Le cerveau est capable de traiter plus d'information lorsque nous dormons, renforçant les nouveaux schémas. Nous pouvons dominer plus de tâches avec un grâce à un sommeil adéquat.

Lorsque nous dormons notre subconscient traite les événements de la journée, les ordonne, apprenant des expériences vécues et planifie le futur.

Les concepts de base de la PNL

Les présuppositions de la PNL

Les valeurs ou croyances qui ont été développée durant toute votre vie, basées sur des expériences pratiques, sont les piliers de la PNL. On les appelle présuppositions car les gens supposent quelles sont réelles ou certaines.

Bien que ayez pu être conscients de quelques unes de vos valeurs, ils en existent pourtant d'autres dont vous n'êtes pas conscient. Lorsque vous en êtes conscients, vous pouvez dès lors décider d'y croire ou non, et voir comment cela pourrait vous aider dans certaines situations. Voici quelques exemples de présuppositions :

« La carte ne désigne pas le territoire – Ma carte mentale du monde est différente du sien »

Cette idée fondamentale a été énoncée par Alfred Korzybski (1879-1950), et reconnaît la distinction entre nos cartes du monde et le monde même. Le langage constitue un type de carte ou modèle du monde qui nous permet de résumer ou généraliser nos expériences et de les transmettre aux autres.

La PNL prétend que nous avons tous notre propre vision du monde, et que cette vision est basée sur les cartes internes que nous avons construits au sein de notre langage et de notre système sensoriel de représentation comme résultat de nos expériences individuelles. Ce sont ces "cartes" qui détermineront, plus que la propre réalité, la façon dont nous interpréterons le monde qui nous entoure, notre façon d'y agir et du sens à tirer de nos nouvelles expériences.

Dans "La structure de la magie, vol.1", Richard Bandler et John Grinder observent :

« Les personnes qui répondent créativement et gèrent avec efficacité leur actions sont ceux qui possèdent une représentation ou un modèle du monde qui leur permet de choisir leur action au travers d'un éventail de possibilité. Les autres pensent avoir peu d'options, dont aucune ne leur paraît attractive. Nous avons découvert que ce n'est pas que le monde est trop limité, ou qu'elles ne disposent pas d'options, mais plutôt qu'elles se bloquent et ne peuvent donc pas voir les choix et possibilités qui se présentent à elles, car ces choix ne rentrent pas dans leur propre modèle du monde. »

En considérant cette vision de la PNL, il n'y a plus aucune carte du monde qui soit « vraie » ou « correcte ». Chaque personne a sa propre carte du monde et aucune n'est plus « réelle » qu'une autre. La différence tient en ceci que les personnes plus eficaces sont celles ayant une carte du monde leur permettant de percevoir le plus grand nombre de possibilités et perspectives.

La pratique de la PNL requiert le changement des cartes, mais pas de la réalité. Elle montre le monde à travers de vos propres sens, créant votre propre carte dans votre esprit. Les cartes internes ne sont jamais une copie de la situation réelle. Votre carte également différente de la carte d'autres personnes.

Chaque personne possède sa propre carte interne, et par conséquent voit et construit sa réalité de forme différente à celle des autres.

« Vous avez au fond de vous toutes les ressources nécessaires réussir ce que vous voulez »

Pour pouvoir utiliser ces ressources, il faut savoir quelles sont ces ressources et comment les utiliser. Aussi, vous pourriez avoir besoin d'acquérir de nouvelles ressources à mesure que vous apprenez et évoluez. Tout cela réside au sein de votre pensée interne, et dans le fait de créer un état mental riche en ressources.

« Chaque comportement sert dans un certain contexte »

Il n'existe aucun comportement qui, dans un contexte donné ne soit pas important ou positif.

« Derrière chaque comportement se cache une intention positive »

Chaque action révèle quelque chose de précieux et arrive pour une raison précise. Cela explique votre comportement et celui des autres. Cependant, certaines actions peuvent être interprétées comme négatives, même si vous aviez de bonnes intentions.

« Si ce que vous faites ne marche pas, essayez autre chose »

L'une des caractéristiques le plus mise en valeur est la flexibilité. Si vous voulez un résultat différent, vous devez faire quelque chose de différent également.

« L'échec n'existe pas, il n'y a que la rétroaction »

Le cerveau fonctionne par épreuve et erreur, même quand quelqu'un n'a pas encore de succès mais qu'il en a toujours la possibilité. Durant votre vie vous pouvex commettre beaucoup d'erreurs. Cependant, vous pouvez choisir comment réagir et comment apprendre de chacun. Les erreurs sont des opportunités pour apprendre et créer.

« Le sens de la communication est la réponse qu'il engendre »

Les personnes répondent en fonction de ce qu'elles pensent que vous allez dire, qu'elles aient bien compris ou non le sens de vos paroles. Dans ce contexte, la communication inclu des signes verbaux et non verbaux. Cette présupposition souligne l'importance d'être conscient de la manière dont vont réagir les personnes avec qui vous parlez et suppose de votre part d'ajuster votre communication en fonction de cela. Par conséquent, c'est la réponse du récepteur, et non l'intention de l'émetteur, qui détermine le sens du message émis.

« Les personnes prennent la meilleure décision avec les informations qu'elles détiennent à ce moment précis. »

Accepter cette présupposition nous libère d'inutiles plaintes, par exemple « Comme j'aurais aimé faire X au lieu de faire Y ». Nous prenons toujours la meilleure décision en fonction des données et de la carte mentale que nous possédons.

Les 4 concepts clefs de la PNL

« Le plus grand achèvement de la vie n'est pas la connaissance, mais l'action » – Thomas H. Huxley

La compréhension de ces 4 principes est fondamentale pour découvrir les différentes techniques de la PNL.

Chacun de ces principes est lié à votre propre vie et votre relation aux autres. Ils se concentrent sur la façon dont vous communiquez, planifiez vos objectifs, ce que vous voulez réussir dans la vie, sur les capacités que vous pouvez utiliser, et sur la façon de comprendre et respecter les différences des autres.

Quelle que soit votre profession, vous pourrez vous intéressez à la PNL et à ces domaines de recherches, et décider sur lesquels vous voudrez passer plus de temps.

Les 4 principes de la PNL sont : le Rapport, le sens, les résultats et la flexibilité du comportement.

1. Rapport

Le Rapport (l'harmonie), est essentiel pour une communication efficace. Elle se base sur le respect mutuel entre les personnes et s'obtient la plupart du temps de façon intuitive. Cela requiert attention et concentration, car il faut que vous soyez présent à la situation au lieu de penser à n'importe quelle autre chose.

Cela demande que vous démontriez un réel intérêt, en observant la réaction de l'autre à ce que vous dîtes et en identifiant les mots ou phrases clefs utilisés. El Rapport n'est pas seulement lié à vos paroles, mais également à vos mouvements et language coroporel, qui est normalement inconscient.

façon dont vous communiquez dépendra des situations et de la méthode de communication, (télephone, email, face à face).

Pour construire cette harmonie, il est nécessaire d'être conscient de la façon dont communiquent les autres et comment utiliser les gestes, les positions corporelles, le ton de la voix, les mots, etc.

Confluence et Reflets

Un des aspects de la construction du Rapport sont les techniques de confluence et reflets, créées par Milton Erickson au debut des années 1970 dans son travail sur l'hypnothérapie clinique. Cela est lié au langage corporel, car vous essayer d'imiter le langage corporel de la personne à qui vous parlez. Cela se voit clairement lorsque l'on observe de nouveaux couples, qui, inconsciemment copient les positions corporelles de l'autre (touchent ses cheveux de la même manière, s'asseoient ou s'arrêtent de la même façon, etc.). Si vous observez les gens aux restaurants, vous pourrez voir comment elles se reflètent.

Dans la communication normale, la confluence et le reflet se produisent de forme subtile et inconsciente. Une façon efficace d'établir ce Rapport avec quelqu'un est d'imiter sa posture corporelle, utiliser des gestes similaires, le même ton et rythme de la voix.

Exercice de Rapport

Essayer cette exercice avec vos amis pour observer le puissant effet de la confluence et du reflet.

Dans un groupe de 3 personnes, choisissez qui sera la personne A, B et C.

La personne A parlera pendant 1 minute de quelque chose qu'elle a réellement aimé, par exemple une fête, un hobby, etc.

- La personne B écoutera et, au début, imitera les mouvements et positions de la personne A. Ensuite, la personne B fera le contraire, (en faisant des gestes qui ne coïncident plus à la personne A) pendant que la personne A continuera de parler. Pour finir, la personne B refera de nouveaux les mêmes gestes et postures que la A.

- La personne C observe la scène.

Cet exercice demande l'imitation et l'anti-reflet puis le reflet de nouveau. Après l'exercice, échangez les rôles pour que chaque personne joue chaque rôle. Laissez la personne C expliquez ce qu'elle a observée. Normalement, la personne A trouve cela très difficile de continuer la discussion lorsque la personne B n'imite plus son langage corporel.

Suivre et guider

Normalement, cette technique est utile lorsque vous faîtes du coaching ou en présence d'une personne angoissée. Vous devez écouter et suivre un thème qui intéresse l'autre personne et passer à un autre sujet seulement lorsque l'autre se sent prêt à avancer. La technique s'utilise généralement de cette façon : Suivre, Suivre, Suivre, et après Guider la conversation.

Imaginez que quelque chose l'a mis en colère ou perturbé. Avant de penser rationnellement, nous avons souvent besoin d'en parler avec un ami ou un collègue pour "évacuer". Avec cette technique vous devez permettre à la personne de parler en premier de ce qui est important pour elle avant de passer aux sujets qui vous intéressent, vous.

Exemple :

Quand vous parlez avec une autre personne, utilisez la technique du suivre et guider. Cela lui permettra de parler de sujets important pour elle, même si vous le jugez sans importance. Suivez le rythme de la conversation puis au fur-et-à-mesure, la personne vous portera son attention et écoutera ce que vous avez à lui dire. Si vous interrompez la conversation pour la faire parler plus rapidement cela aura l'effet inverse.

2. Vos attentes et objectifs

Que voulez-vous ?

Au début du libre, il vous est demandé de penser aux résultats souhaités et à vos intentions. Il est important d'avoir des attentes claires à l'esprit pour n'importe quelle situation. Cela permettra à votre esprit inconscient de commencer à traiter l'information, presque comme si vous aviez un radar pour détecter toute information utile.

Une attente claire vous permettra de vous concentrer de façon appropiée et efficace sur votre pensée et vos communications inconscientes. Cela vous aidera également à prendre les bonnes décisions.

Clarifier ses attentes demande un temps pour réfléchir à ses objectifs et ses accomplissements, ce qui est important pour vous et qui pourra se mêler à votre vie professionnelle et personnelle.

De nombres personnes ont des objectifs clairs et se demandent pourquoi elles ne réussissent pas. Cela est souvent dû au fait qu'elles se focalisent sur ce qu'elles ne peuvent pas faire au lieu de se concentrer sur ce qu'elles peuvent faire pour y arriver.

Vous devez savoir que la seule limite que vous puissiez craindre est l'étendue de votre imagination et de votre motivation pour qu'il devienne réalité. De grands objectifs entraînent une motivation sans faille.

Rappelez-vous que les circonstances actuelles ne reflètent pa votre réel potentiel, mais plutôt la grandeur et la qualité des objectifs sur lesquels vous vous concentrez.

Je sais généralement que je me suis fixé un objectif correct quand il paraît impossible à atteindre, mais que la possibilité de l'atteindre provoque en moi un élan d'enthousiasme. Pour trouver cette inspiration et atteindre ces objectifs impossibles, nous devons mettre de côté nos croyances concernant ce que nous sommes en mesure d'accomplir.

Tout processus menant à l'établissement d'un objectif doit se voir immédiatement suivi par le développement d'un plan et de sa mise en oeuvre, l'action doit être coherente et de grande échelle pour arriver à ses fins. L'absence de tension ou de pression à tendance à créer une sensation d'ennui et à donner l'impression d'une vie morne dont tant de gens se plaignent. Rappelez-vous que notre niveau de stress est auto-induit, nous devons donc essayer de l'intégrer de façon intelligente.

Nous avons parfois besoin de croire que nos désillusions peuvent constituer de vraies opportunités déguisées. La persistence prévaut sur le talent en tant que ressource la plus précieuse et efficace pour créer et configurer sa qualité de vie. En effet, s'il existe une autre capacité que j'ai pu voir lors de championnats, c'est l'incroyable persistance dont les joueurs font preuve. Ils changeront leur plan autant de fois que mécessaire mais n'abondonneront jamais leur vision de fond.

Pensez "En quel type de personne devrais-je me transformer pour atteindre tout ce que je désire ?"

3. Les Systèmes de représentations et nos Sens

Il existe 5 sens principaux (la vue, l'ouïe, le toucher, le goût et l'odorat). Nous utilisons nos sens pour interpréter le monde qui nous entoure. La communication est généralement plus efficace lorsque nous faisons usage de tous nos sens. Ils nous aident à évaluer la situation, analyser les événements et interpréter notre environnement.

Bien que la plupart des gens possédant ces cinq sens, nous interprétons l'information de forme différente. Certaines personnes adorent par exemple l'odeur du café quand d'autres ne la tolèrent pas. La PNL nous aide à comprendre comment les personnes interprètent le monde et quels sont leurs sens favoris.

Prenez par exemple un jardín. Une personne pourra adorer l'odeur de l'herbe humide, tandis qu'une autre pourra préférer les couleurs des fleurs, et une troisième préférera écouter le chant des oiseaux. Qui plus est, une même scène peut avoir différentes significations pour chaque personne cela dépendant de nos sens favoris.

- **Le sens visuel :** Ce que nous voyons, les images, l'usage de couleurs et décoration. Il y a une préférence pour l'information présentée graphiquement.

- **Le sens auditif** : Ce que nous entendons, les sons, voix, la musique. Traite les informations présentées de façon verbale.

- **Le toucher** : Ce que nous sentons. On observe une préférence pour tout ce qui à un lien avec le toucher et expérimenter les choses par soi-même.

- **Le sens gustatif** : ce qui a de la saveur. Lié aux repas et aux boissons.

- **Le sens olfactif** : Ce que nous sentons. Fortement lié à nos humeurs et à nos souvenirs.

À noter : Le sens de l'odorat va directement jusqu'au système limbique, il est plus rapide que les autres sens. On pense que les femmes sont 1000 fois plus sensibles aux arômes que les hommes.

Dans notre communication quotidienne nous nous servons plus souvent des 3 premiers sens (la vue, l'ouïe et le toucher).

Lorsque vous parlez à quelqu'un en utilisant son sens préféré, le Rapport – l'harmonie – augmentera, tout autant que la communication s'améliorera.

Les personnes principalement visuelles :

Il s'agit de personnes qui captent le monde principalement à travers le sens de la vue. Ce sont généralement des personnes ordonnées, d'un point de vue personnel et professionnel, qui sont très conscientes de leur apparence et paraître hyperactives puisqu'elles ont toujours quelque chose à faire.

Quand elles parlent et pensent elles ont tendances à bouger les yeux vers le haut et s'expriment en utilisant des termes qui font références au sens de la vue. Par exemple :

"Je vois ce que tu veux dire"

"J'ai l'image en tête"

"C'est évident"

"J'imagine"

"Montrez-moi les preuves"

"Nous voyons sur le long terme"

"Garde un oeil sur les affaires"

Les personnes principalement auditives :

Ce sont des personnes qui sont plus calmes et sereines que les visuelles. Elles ont tendances à regarder sur le côté lorsqu'elles parlent, c'est-à-dire en direction de leurs oreilles, et tendent à utiliser des termes qui font référence au sens de l'ouïe. Par exemple :

"Tu entends ce que je dis ?"

"Ça m'a l'air bien"

"Écoute"

"Ça me dit quelque chose"

"Il faut se synchroniser avec les nouvelles idées"

"Il est sur une autre fréquence"

Les personnes principalement Kinesthésiques :

Ce sont des personnes particulièrement détendues et relaxées. Elles préfèrent s'habiller avec des habits confortables plutôt qu'être à la mode. Les hommes évitent les cravates et les femmes évitent jusqu'au maquillage. Elles privilégient les plaisirs de la vie, la nourriture et les parfums.

Elles ont tendance à bouger les yeux vers le bas iu à droite lorsqu'elles parlent. Elles s'expriment généralement avec des termes ou expressions qui se réfèrent au sens du toucher, du goût et de l'odorat. Par exemple :

"Ça fait du bien"

"Je trouve qu'est facile à faire"

"Ça me touche"

"Reste connecté à la réalité"

"Il est doux de caractère"

"Saisir la nouvelle tendance"

"Ça me donne la chair-de-poule"

Sous-modalités

Chacun des cinq sens se peut s'affiner plus en détails. Ces distinctions plus recherchées portent le nom de sous-modalités. Si nous demandons à deux personnes de visualiser la même scène, par exemple une plage, les deux imagineront sans deux plages totalement différentes dû à la différence des racines de leur propres cartes mentales. L'une d'entre elle verra une plage colorée, avec mouvement, ensoleillée dans laquelle elle se trouve inclue, tandis que l'autre personne imaginera une plage en noir et blanc, fixe, dans le lequel elle ne será pas inclue.

Les sous-modalités peuvent être affinées ou modifiées pour changer ses sentiments ou émotions lorsque l'on doit faire face à des situations positives ou négatives. Par exemple, si l'on change une image de couleur en noir et blanc dans notre cerveau, celle-ci nous paraîtra tout de suite moins vive, et l'on pourra prendre du recul et dissocier cette image de nos émotions. Ou vous pouvez encore rajouter de l'humour à une situation stressante en imaginant l'autre personne comme un personnage de dessin animé. Ces changements peuvent se faire sur le moment ou lorsque vous vous rappeler de la situation.

Rappelez-vous que votre comportement n'est pas le résultat de vos capacités, mais de l'état émotionnel dans lequel vous vous trouvez à ce moment-là. Pour changer vos capacités il faut changer votre état. Nos aptitudes ont toujours été là, et ce que nous devons faire est nous mettre dans un état d'esprit qui nous permettra de les utiliser. Votre façon de voir les choses changera instantanément une fois les changements de vos sous-modalités (visuelles, auditives, kinesthésiques) effectué.

À partir du moment où vous connaissez vos sous-modalités vous pouvez dès lors quitter un état d'esprit limité pour vous ouvrir à un autre, rempli d'énergie et de puissance.

Sous-modalités visuelles :

- La Couleur

- L'éclat

- Le contraste

- Statique ou en mouvement

- Flou ou concentré

- De près ou de loin

- Petit ou grand

Sous-modalités auditives :

- Le volume

- Le ton

- La durée

- L'emplacement

- Mono ou stéréo

- Mots ou sons

- Le rythme

Sous-modalités kinesthésiques :

- La Température

- L'emplacement

- L'intensité

- La texture

- Le poids

- La pression

- La taille

4. La Flexibilité

La Flexibilité consiste à reconnaître que chaque personne interprète les situations à travers ses propres perceptions, créant ainsi sa propre réalité.

Les expériences sont individuelles et chaque personne aura sa propre interpétation, unique, des événements. Tout dépendra de la façon dont elle utilisera ses sens (la vue, l'ouïe, le goût, le toucher et l'odorat) et dont elle interprètera les informations. Chaque personne crée sa propre carte du monde.

Les situations changent également dans un environnement changeant. La flexibilité implique d'être ouvert au changement et de pouvoir travailler avec la dynamique du changement, au lieu de vouloir aller contre.

Pensez par exemple à un ballon de baudruche et décrivez-le-moi. De quelle couleur est-il ? Quelle taille, forme ? Où est-il ? Si je pose la question à diverses personnes elles me décriront toutes différents types de ballons, de différentes couleurs, cela dû au fait qu'elles ont toutes des souvenirs et idées différentes fixées dans leur esprit. Elles ont par conséquents des perceptions différentes de ce à quoi ressemble un ballon.

La flexibilité est aussi liée avec le fait de posséder différentes options et alternatives, spécifiquement si vous ne réussisez pas ce que vous voulez dès la première fois.

Être flexible permet de réunir des informations de nombreuses sources, de différentes perspectives et de multiples points de vue. À mesure que vous réunirez plus d'informations, vous pourrez faire des choix plus éclairés.

Lorsque vous êtes surpris ou dérangés par les agissements d'une autre personne, par l'inaction ou le commentaire, rappelez-vous que cette personne peut percevoir la situation de différente façon, vue d'une "carte du monde" distincte. Le simple fait de comprende que nous pouvons nous approcher de toutes les situations depuis différentes perspectives peut alléger l'anxiété et nous aider à être plus tolérants aux situations changeantes et provocantes.

Exemple :

Regardez l'exemple suivant et observez les diverses approches pour assister à une réunion :

- Daniela est arrivée avec une caisse énorme de papiers qui contenait toutes ses affaires concernant le projet, avec des articles empilés jusqu'en haut de la caisse.

- André est arrivé avec des dossiers étiquetés, organisés pour nous montrer les notes de la dernière réunion, le rapport financier et l'agenda de la réunion imprimé pour chacun des assistants.

- Pedro est arrivé en retard, sans aucun document et a demandé un papier et un crayon à Daniela.

Chaque personne a une approche différente pour se préparer à la réunion, ainsi que des comportements distincts. Cela fait partie de la nature de la personne. Il faut donc faire preuve de flexibilité que ce soit dans les affaires ou dans votre vie personnelle. Comprendre ces différences et comment vous pourriez réagir pour chacune est au coeur de la PNL.

Les croyances, souvenirs, valeurs et critères

« Ce n'est pas ce qui nous arrive qui importe, mais ce que nous en faisons qui fait la différence. » Nelson Mandela.

Vos croyances, souvenirs, valeurs et expériences influencent votre perception et interprétation des défis professionnels et de la vie.

Les croyances sont des choses que vous considérez comme certaines et que vous pensez pouvoir réaliser ou non. Les croyances peuvent être positives et merner au succès, ou négatives et limiter vos actions. Les croyances naissent de manière inconsciente, influencées par les parents, professeurs, amis, etc. Les croyances négatives des autres personnes peuvent également vous affecter, ainsi que leurs préjugés concernant ce que vous êtes capable d'accomplir ou non. Les croyances vous aident à donner un sens au monde qui vous entoure et peuvent vous donner le pouvoir d'atteindre le succès mais aussi vous limiter.

La mémoire et les souvenirs influencent votre présents et votre futur. Les souvenirs de scènes passées peuvent créer la base de vos réactions lors de situations présentes. Les nouvelles expériences peuvent faire remonter de vieux souvenirs ou émotions, ce qui vous fait réagir en fonction de ces vieux souvenirs ou émotions au lieu de vivre la situation presente. Cela peut produire inconsciemment une réponse négative. Par exemple, avoir échoué à des examens au collège ou au lycée peut vous faire perdre confiance, ou vous faire sentir un manque de confiance lorsque vous passerez des examens à l'université.

Les valeurs sont commes un filtre fait pour évaluer et interpréter ce qui est important pour vous et ce qui vous fait vous sentir bien. Vous créez des valeurs pour tout ce qui vous entoure, par exemple, votre famille, amis, l'école, vos collègues, etc. Ce sont ces valeurs qui dictent votre comportement et peuvent vous motiver ou vous démotiver. Elles influencent également le choix de vos amis, hobbies, vos centres d'intérêts, la façon dont vous occuper votre temps. L'honnêteté, le succés, la sécurité financière, l'aventure en sont des exemples.

Les Croyances

Les croyances sont tout simplement les jugements et avis que nous portons sur nous-même, les autres et le monde environnant. Les croyances sont considérées par la PNL comme des généralisations fermement appuyées sur la causalité, la signification et les limites du monde qui nous entoure, notre comportement, nos capacités et notre identité.

L'importance des croyances réside dans le fait que la majeure partie de vos souvenirs a été fabriquée par votre esprit pour correspondre à ce que vous pensez qui est arrivé. Vous vous rappellerez de ce dont vous voulez vous rappeler pour chaque situation.

Une valeur ou un préjugé négatif peuvent changer votre façon de voir les choses en repensant à une expérience. Vous pouver alors réfléchir à la manière d'utiliser vos sens lorsque vous pensez à certaines croyances et valeurs. Vous pourrez ainsi ajuster vos sous-modalités (par exemple, la couleur d'une image, son intensité, etc.) afin de diminuer la sensation que vous voulez altérer.

Pensez à Roger Bannister, qui a battu le record du mile. A cette époque, les gens pensaient qu'il était physiquement impossible pour un homme de courir un mile (1609.34 km) en moins de 4 minutes. Il a fallu beaucoup d'essais et 9 ans de préparation à Roger avant de pouvoir arriver à ce temps en mai 1945. La barrière des 4 minutes fut battue une autre fois, seulement 6 semaines après ce premier record et durant les 9 années qui suivirent, plus de 200 personnes ont battu ce record, tout cela dû au fait que les croyances avaient changées.

Neurologiquement, les croyances sont associées au système limbique et à l'hypothalamus. Elles sont par conséquent produites par les structures les plus profondes du cerveau, elles peuvent provoquer des changementsau niveau des fonctions physiologiques fondamentales du corps, étant responsables de beaucoup de nos réactions inconscientes.

Chacun de nous a certaines croyances qui agissent comme ressources, ajoutées à d'autres qui nous limitent et paraissent difficiles à changer en suivant un mode de pensée logique et traditionnel. Heureusement, la programmation neurolinguistique nous offre de puissants outils avec lesquels nous pouvons remodeler et transformer nos croyances potentiellement restrictives.

À quoi servent les croyances ?

Elles sont les forces qui nous guident vers la douleur ou plaisir. Ce ne sont pas les circonstances dans lesquelles nous vivont qui font de nous ce que nous sommes, mais les croyances autour de ce que signifient ces circonstances. Nos croyances se voient impulsées par les généralisations que nous avons apprises et qui nous conduisent vers le plaisir ou la douleur.

Nous devons nous rappeler que nos croyances sont un ensemble de généralisations formé à partir de notre passé, basé sur les interprétations que nous avons de nos bonnes et mauvaises expériences. Ces généralisations peuvent être très utiles car elles simplifient notre vie et nous permettent de fonctionner, mais peuvent malheureusement simplifier à l'excès et produire des limites lorsque nous voudrions réaliser des projets plus complexes.

Tout ce que nous faisons provient de nos croyances conscientes o inconscientes, que cela nous mène à la joie ou la tristesse. Si vous voulez créer des changements durables et cohérents concernant vos comportements, il vous faudra changer les croyances sur lesquels ils sont fondés.

Les croyances sont comme une table dont les pieds sont les références et expériences passées qui soutiennent « l'idée » sur laquelle se basent nos croyances. Nous pouvons développer des croyances sur n'importe quelle chose si nous trouvons suffisamment de « pieds » (d'expériences pouvant servir de références) sur lesquels nous appuyer. Les référenes peuvent venir de nos expériences ou de celles d'autres personnes. En outre, vous pouvez également utiliser des références que vous aurez imaginées, mais vous devez dans ce cas les imaginer de forme vive, avec une forte intensité émotionnelle pour arrivée à la certitude de cela s'est réellement passé.

Si vous ressentez cette absolue certitude que provoquent les plus puissantes croyances et espérances, vous pourrez réussir presque tout ce qu'on vous proposera, même ce que les autres pensent impossible.

La façon la plus efficace de changer une croyance consiste à associer une douleur forte à l'ancienne croyance, et à l'inverse associer un immense plaisir à l'idée d'adopter une nouvelle croyance, ce qui vous aidera à avancer.

Nous ne devons jamais oublier que tout ce que nous faisons, nous le faisons afin d'éviter la douleur, ou par désir d'obtenir un plaisir.

Comment savez-vous quelle croyance adopter plutôt qu'une autre ? Pour le savoir il faut trouver une personne qui par ses actions, produit actuellement les résultats que vous espérez.

Chaque fois que vous vous sentez déprimé, frustré, irrité, etc., demandez-vous : « A quoi devrais-je croire pour me sentir ainsi ? »

Exercice

Étape 1 : Faîtes un inventaire de vos croyances, ce qui vous donnera le moyen de les comprendre. Par exemple :

« Je suis une personne qui s'adapte et qui est réellement capable de réussir tout ce qu'on lui propose »

« Seuls existent les résultas et les moments gênants en cas de mauvais résultats. »

« Nous sommes tous capables d'accomplir quoi que ce soit avec un peu d'entraînement. »

« Tout le monde part d'une bonne intention dans ce qu'il accomplit. »

« J'ai obtenu mes grands succès lorsque j'ai surmonté mes peurs. »

Étape 2 : Affaiblir les croyances qui vous empêchent d'avancer :

Pour affaiblir et éliminer les croyances qui vous limitent, demandez-vous : « Jusqu'à quel point cette croyance est-elle ridicule ou absurde ? Cela vaut-il la peine d'imiter la personne dont j'ai tiré cette croyance pour atteindre cet objectif ? Quel effet produira le fait de ne pas me détacher de cette croyance ? Quel en sera le coût pour mes relations ? Physiquement ? Financièrement ? Professionnellement ? Associez-la au point douloureux des croyances qui vous limitent et décidez par quelles croyances prositives vous aller la remplacer. Vous pouvez par exemple en choisit l'antithèse :

« Je ne suis pas fait pour parler en public. Les personnes qui croient à cela ne se démarquent jamais et n'ont pas le niveau de succès que je recherche. J'ai cependant remarqué que les personnes qui pensent l'inverse jouissent du succès auquel j'aspire. La seule façon de se démarquer est donc de pouvoir faire passer mes idées, en créant le contact avec autrui, sur le plan personnel et professionnel. »

Les croyances qui nous limitent

Les trois domaines dans lesquelles se regroupent les croyances qui nous limitent sont généralement : la désespoir, l'impuissance et l'absence de mérite. Ces trois grands domaines peuvent avoir une énorme influence sur notre santé mentale et physique.

1. Le désespoir : Vous pensez que l'objectif souhaité n'est pas réalisable, indépendant de vos capacités. Il se fonde sur le sentiment que « peut importe ce que vous faîtes, rien ne changera, vous êtes une victime ».

2. L'impuissance : Vous pensez que l'objectif est atteignable, mais que vous n'êtes pas capable de le réaliser. Cela vous donne le sentiment que l'objectif « est à la portée des autres, mais pas à votre portée. Vous n'êtes pas assez doué, ou vous n'êtes pas capable de l'accomplir ».

3. L'absence de mérite : Vous pensez que vous ne méritez pas l'objectif souhaité à cause de votre manière d'être ou de quelque chose que vous auriez (ou non) fait.

Les croyances qui nous limitent agissent comme un « virus mental ». C'est-à-dire que ce virus arrive à transformer nos croyances en une authentique prophétie et qui va venir interférer avec nos efforts. Les virus mentaux sont faits de supositions et préjugés non verbalisés, qui sont plus difficiles à identifier et combattre.

Ces mauvaises croyances sont souvent développées dans le but de satisfaire un but positif, pour se protéger, ou établir des limites, etc. Une forme d'affaiblir ces croyances est de reconnaître que nous avions de bonnes intentions, de mettre à jour notre carte mentale dans le but de chercher des façons plus efficaces de les accomplir.

Beaucoup de nos mauvaises croyances surgissent comme les conséquences de questions sans réponses, du « Comment et pourquoi ». Si une personne ne sait pas comment accomplir de façon déterminer une tâche ou une fonction, il est plus que probable qu'elle finisse par penser « qu'elle n'est pas capable de réussir ». Par conséquent, il est aussi important de fournir une série de réponses à propos du « comment », par exemple, pour lutter contre le fait de croire qu'il est « dangereux de montrer ses émotions », nous devrions répondre à la question : « Comment puis-je montrer mes sentiments tout en maintenant une certaine sécurité ? »

En résumé, ces croyances qui nous limitent peuvent être actualisées et transformées en :

- Identifiant et reconnaissant que ces croyances viennent d'une bonne intention sous-jacente.

- Identifiant toutes présuppositions ou suppositions non verbalisée ou inconsciente qui serviraient de fondements à nos croyances limitatrices.

- En trouvant des informations sur « Comment » accomplir avec bonne intention l'objectif de la croyance limitée.

Comment affaiblir vos mauvaises croyances

Il y a certain moment où nos croyances peuvent générer des interférances dans l'accomplissement de nos objectifs. Heureusement, la PNL nous apporte des outils qui nous aident à nous défier de ces jugements ou généralisations qui nous limitent.

Des processus comme la recherche de nos bonnes intentions, les diviser vers le bas, vers le haut ou identifer les critères de niveaux supérieurs nous permettent d'adoucir et encadrer ces croyances qui nous limitent. Un autre possibilité est d'en découvrir le « contre-exemple ».

Un contre-exemple est un exemple, une expérience ou un fragment d'information qui ne correspond pas ou ne rentre pas dans la vision généralisée et déterminée que nous percevons du monde. Les contre-exemples sont une façon très simple et puissante d'évaluer et questionner nos croyances potentiellement limitatrices. Ils ne discréditent pas nécessairement l'affirmation que nous avons d'une croyance, mais remettent en question son « universalité » et nous la font voir dans une plus ample perspective.

51

Les croyances et critiques prennent leur pouvoir limitant lorsque nous nous en servont avec des termes universels, avec des mots tels aue « tous », « jamais », « toujours », « personne », etc. Ce n'est pas la même chose de dire « Je n'ai pas réussi car il me manque l'expérience nécessaire » que de dire « Je ne réussirai jamais parce que je n'ai pas l'expérience nécessaire ».

Il faut cependant savoir que ce n'est pas parce que nous trouvons un contre-exemple que notre croyance s'en trouve erronée, il faut seulement accepter que le phénomène de croyance soit plus complexe que ce que nous avions perçu, ce qui nous offre le potentiel de voir d'autres perspectives et possibilités.

Analysons par exemple cettre croyance : « Une personne qui fronce les sourcils n'est pas contente ». Pour trouver un contre-exemple, nous nous demanderions en premier :

se produit-il parfois sans B ¿ (c'est-à-dire, « Cela arrive-t-il que quelqu'un fronce les sourcils alors qu'il est content ? »)

est aussi posible d'inverser les termes en vous demandant :

B se produit-il parfois sans A ? (c'est-à dire: Une Personne peut-elle être en colère sans froncer les sourcils ?)

Chercher des contre-exemples nous permet normalement d'atteindre une compréhension plus profonde du phénomème que nous somme en train d'analyser tout en enrichissant notre « carte du monde ». Rappelez-vous sont les coyances sont liées à un plan neurologique profond, pour ce que n'importe quel changement effectué avec un contre-exemple aura des effets immédiats et spectaculaires.

Exercice

Prenez quelques unes des croyances qui vous limitent et cherchez-en les contre-exemples en utilisant le processus décrit plus haut. Par exemple :

Croyance : « Je me mérite pas ce que je veux obtenir car je ne me suis pas assez efforcé ».

Cherchez si A existe sans B : « «Existe-t-il des personnes qui, malgré le fait de n'avoir jamais accompli le moindre effort (par exemple un nourrisson juste né), méritent d'atteindre ce qu'elle désirent ? »

Cherchez si B existe sans A : « Connaissez vous quelqu'un qui ne méritait pas d'atteindre son objectif, malgré le fait de s'être beaucoup efforcé pour réussir ? » (comme les voleurs ou assassins).

Vous pouvez utiliser ces différents schémas de langage pour localiser, trouver les croyances qui vous limitent :

- Si je réussis ce que je veux, alors... (Que pourrait-il vous arriver de mal ? Qu'auriez-vous à perdre ?)

- mal de vouloir être différent parce que... (Qu'est-ce qui le rend mal ?)

- Je ne peux pas réussir ce que je veux parce que… (Qu'est-ce qui vous empêche d'atteindre ce dont vous avez envie ?)

- La situation ne changera jamais parce que… (Quelles sont les choses qui font que les choses restent ainsi ?)

- Il m'est impossible de réussir ce que je veux parce que… (Pourquoi vous pensez que ce que vous voulez demeure imposible ?)

Valeurs et critères

Du point de vue de la PNL, la signifation que nous donnons à nos expériences à la fonction de rattacher la relation existante entre la « carte » et le « territoire ». Différentes cartes du monde produisent diverses significations internes distinctes pour un même territoire. Une même expérience peut générer des sens différents pour deux personnes distinctes ou de différentes cultures, dépendant de la manière dont sont leurs cartes du monde respectives.

Les sens que nous extrayons de nos expériences naissent en fonction de la flexibilité et de la richesse de nos représentations internes du monde. Une carte sans beaucoup d'expérience produira un sens limité également. LA PNL renforce l'importance d'explorer différentes perspectives et niveaux d'expérience, pour se créer ainsi la possibilité de découvrir de significations nouvelles pour des situations données.

Le sens est principalement le produit de nos valeurs et croyances. L'important de ce fait réside en ce qu'altérer nos croyances et valeurs peut changer immédiatement le sens donné à nos expériences.

Tout cela implique le fait de savoir clairement ce qui important pour nous, sur le plan personnel et professionnel et de mener une vie en accord avec nos valeurs sans se préoccuper de ce qui peut arriver. La seule façon d'atteindre le bonheur est de vivre en accord avec nos principes, mais nous ne pouvons pas faire cela si nous ne savons pas quelles sont exactement nos valeurs. Nos valeurs, quelles soient ce quelles soient, sont la boussole qui nous guide vers notre destin. Connaître vos propres valeurs vous permettra de découvrir pourquoi vous agissez comme vous le faites.

À chque fois que nous prenons une décision, notre cerveau évalue immédiatement si cette décisio peut nous conduire à des états joyeux ou douloureux.

Comment se rendre compte de son système de valeurs.

Exercice

Etape 1 : Découvrez quelles sont vos valeurs présentes et écrivez-les par ordre d'importane. Cela vous permettra de comprendre ce que vous vulez expérimenter et ce que vous devez éviter.

Étape 2 : De nombreuses personnes savent ce qu'elles veulent mais n'ont pas idée de ce qu'elles veulent être, il faut alors vous poser une nouvelle question : « Quelles sont les valeurs que je devrais adopter pour atteindre le futur que je désire et mérite ? » Mettez les réponses par ordre d'importance. Voyez quelles valeurs vous devez éliminer et celles que vous devez rajouter pour vraiment obtenir la qualité de vie que vous souhaitez.

J'étais auparavent persuadé qu'en m'inquiétant, je me sentirais plus motivé pour agir, mais j'ai découvert que l'inquiétude me privait de mes ressources. J'ai donc décider que je ne pouvais plus m'inquièter plus. Je pouvais avoir des inquiétudes légitimes, mais il était beaucoup plus important de focaliser mon attention sur des actes qui feraient marcher les choses. Une fois décidé que l'inquiétude ne pouvait pas détruire mon destin, je commençai à l'éviter à tout prix.

Les techniques de la PNL pour contrôler son cerveau

Comment contrôler son cerveau

Ces instruments sont sûrements les plus puissants que vous puissiez maîtriser et changeront l'expérience que vous avez de la vie pour toujours. Rappelez-vous que tout comportement humain est le résultat de l'état dans lequel nous existons, et nos états créent nos représentations internes, c'est-à-dire les choses que nous imaginons, que nous nous disons à nous même, etc. Un réalisateur de cinéma peut varier l'angle de la caméra, le volume, le type de musique, la vitesse de mouvement, la couleur, la qualité d'image – et de cette forme générer n'importe quel état ou conduite qui favorisent ses obectifs et nécessités. Si vous le souhaitez, vous pouvez conrêler votre cerveau de la même façon.

Comment intensifier ses états positifs et atténuer les négatifs

- Pensez à un très bon souvenir. Qu'il soit lointain ou proche. Fermez les yeux, détendez-vous et pensez-y. Concentrez-vous sur cette image et faites-la devenir plus brillante. À mesure qu'augmente l'éclat, notez le changement qui se produit en vous.

- Vous vous approchez maintenant de l'image mentale, stoppez-là et augmentez-en sa taille. Que se passe-t-il lorsque vous manipulez cette image ? Vous remarquerez que l'intensité de l'expérience change, non ?

- Recréer un souvenir agréable et le faire devenir plus grand, plus brillant et plus proche rend l'image encore plus puissante et agréable pour la plupart des gens. Cela augmente la force et le plaisir de la représentation interne et vous rend plus fort et joyeux.

Tout le monde a accès aux trois modalité ou systèmes de représentation (visuel, auditif et kinesthésique), mais chacun l'utilise dans différtentes mesures. Certains accèdent à leur cerveau grâce à un cadre de références visuelle et réagissent face aux images qu'ils voient dans leur esprit, d'autres sont plus auditifs et d'autres kinesthésiques. C'est pour cela, qu'après avoir changé le cadre de représentation visuel, nous essayerons de faire de même avec les autres systèmes de représentations.

- Reprenez votre souvenir agréable et augmenter le volumen des voix ou des sons que vous avez entendus. Donnezleurs plus de rythmes et d'intensité, changez-en le timbre, que les sons soient plus forts et décidifs, puis faites de même avec les sous-modalités kinesthésiques. Faites-en sorte que le souvenir soit plus chaleureux, doux et réconfortant qu'avant. Quelles sensations ressentez-vous après cette expérience ?

- Nous faisons maintenant la même chose avec une image négative. Pensez à quelque chose qui vous a blessé. Prenez cette image et augmentez-en l'éclat. Approchez-la plus près. Rendez-la plus grande. Que se passe-t-il dans votre cerveau ? Pour beaucoup de personnes cela aura intensifié leur état négatif, les sensations dérengeantes ou douleureuses qu'ils ont ressenti la première fois, mais avec plus de force.

- Remettez maintenant l'image à son état initial. Que se passe-t-il lorsqu'elle se fait plus petite, plus obscure et distante ? Vous dévouvrirez que les sensations négatives perdent alors de leur force.

- Rendez l'image négative plus infime. Observez ce qui arrive lorsque l'image diminue. Maintenant diluez la, rendez-la plus floue, atténuée, difficile à voir. Une fois cela fait, éloignez-la, éloignez-la aussi loin que possible jusqu'à ne plus la distinguer. Observez ce que vous voyez, entendez et ressentez lorsque cette image disparaît du monde.

- Faites la même chose avec la modalité auditive. Baissez-le volume des voix que vous entendez, rendez-les léthargiques, faibles, enlevez le rythme. Faites-le aussi poiur vos perceptions kinesthésiques. Faites-en sorte que l'image soit plus insignifiante, immatérielle, étrangère à vous. Que s'est-il passé avec l'image négative durant tout le procédé que vous avez mené ?

- Si vous êtes comme la plupart des gens, l'image perd de son pouvoir, elle se fait moins puissante, moins douloureise, voire cesse d'exister. Cela montre que nous pouvons prendre quelque chose qui nous a affecté dans le passé et lui enlever de sa force, jusqu'à ce qu'il se dissolve et disparaisse entièrement.

Je pense que cette brève expérience peut suffire pour vous donner une idée du pouvoir de cette technique. En quelques instants vous avez choisi un sentiment positif à renforcer et intensifier, mais aussi réussi à vous défaire d'une image négative intense et du pouvoir quelle exerçait sur vous. Vous étiez auparavent à la merci des résultats de vos représentations internes. Vous savez maintenant que tout n'est pas forcément obligé de se produire ainsi.

Vous pouvez vivre de deux façons. Vous pouvez soit, laisser votre cerveau continuer de vous gouverner comme cela était le cas avant, où il vous transmettait une image, un son, une sensation, et où vous répondiez automatiquement à la suggestion. Soit choisir de contrôler consciemment votre propre cerveau, y implanter des suggestions qui vous conviennent, afin d'enlever le pouvoir et l'influence des images qui vous sont désagréables. Vous pouvez vous les représenter de telle sorte quelles cessent de vous dominer, en les réduisant à une dimension qui vous permette de les manipuler facilement.

Comment faire taire votre dialogue intérieur

Ceci est un exercice simple qui aidera de nombreuses personnes. Vous êtes vous déjà retrouvé quelque fois tourmenté par un dialogue interne et incessant dans lequel votre cerveau ne se taisait pas ? Notre cerveau dialogue de nombreuse fois avec lui-même, indéfiniment, comme lorsque nous pesons le pour et le contre d'une affaire quelconque, ou lorsque nous devons trouver un argument qui nous donnait raison lors d'un vieux débat, ou régler des comptes avec un vieil adversaire. Lorsque que cela arrive, il suffit de baisser le volume, faire que la voix qui résonne dans votre tête deviennent de plus en plus douce, plus lointaine et faible. Le problème disparaît de cette pour la plupart des gens.

Et qu'en est-il des dialogues internes qui nous rappellent nos limites ? Écoutez ces mêmes phrases mais cette fois-ci avec une voix qui imite, sur un rythme et un ton provocant, une caresse sexuelle… « Tu ne seras pas capable de faire cela ». Que pensez-vous maintenant ? Il est probable que vous vouliez justement faire le contraire de ce que la voix disait que vous ne feriez pas. Essayez maintenant et voyez la différence.

Comment réussir à se motiver

Cette fois-ci, pensez à quelque chose que vous avez accompli avec beaucoup de motivation. Relaxez-vous et dessinez une image mentale, la plus claire posible de votre expérience. Je vais maintenant vous poser quelques questions la concernant. Prenez votre temps et répondez à chaque question. Il n'y a pas de bonnes ou mauvaises réponses. Différentes personnes ont simplement différentes réponses.

- Tout en regardant l'image : « Voyez-vous un film ou une image statique ? Est-elle en couleur ou en noir et blanc ? Est-ce une scène proche ou lointaine ? Située à droite, à gauche, centrée ? En haut, en bas, ou au milieu de votre champ de vision ? Est-ce une situation associée (que vous voyez de vos propres yeux) ou dissociée (que vous observez comme si vous étiez un spectateur externe) L'image est-elle limitée par un cadre ou est-ce un paysage sans limites définies ? Paraît-elle éteinte ou éclatante, obscure ou lumineuse ? Apparaît-elle claire et limpide ou floue ? En même temps que vous réalisez cet exercice, pensez aux sous-modalités qui sont les plus fortes pour vous, celles qui se détachent avec la plus de force lorsque vous y pensez.

- Repensez maintenant à vos sous-*modalités auditives et kinesthésiques. Entendez-vous votre propre voix ou celles d'autres protagonistes ? S'agit-il d'un dialogue ou d'un monologue ? Les sons que vous percevez sont-ils forts ou ténus ? Les intonations varient-elles ou sont-elles monotones ? S'enchaînent-elles rapidement ou lentement ? Les voix vont-et-viennent ou se maintiennent-elles en un commentaire inchangeant ? Quelle est la chose la plus importante que vous entendez ou que vous vous dîtes à vous-même dans cette scène ? D'où provient le son, où est-il localisé ? Cette même scène est-elle violente ou agréable ? Fait-il chaud ou frois ? Quelles sensations prédominent ? L'âpreté ou la douceur ? La flexibilité ou la rigidité ? Touchez-vous quelque chose de liquide ou solide ? Ressentez-vous une quelconque sensation dans votre corps ? Est-elle solide ou diffuse ? Dans quelle partie de votre corps est-elle localisée ? Vous souvenez-vous d'une saveur acide ou sucrée ?

Il peut être difficile de répondre aux questions au debut. Si vous êtes une personne majoritairement auditive, commencez d'abord par cette sous-modalité puis continuez avec les autres ensuite.

- Bien. Après avoir testé la structure de quelque chose qui nous a fortement motivé par le passé, nous allons maintenant penser à une chose pour laquelle nous aimerions avoir énormément de motivation, mais qui pour l'instant ne nous inspire aucun penchant spécifique ou motivation. Répétez de nouveau les mêmes questions, mais vous prêterez cette fois-ci une spéciale attention aux différences entre les réponses trouvées en comparaison avec l'action réalisée avec motivation. Notez quelles sont les sous-nodalités les plus puissantes, celles-ci sont celles qui recèlent le plus de potentiel pour modifier notre état.

- Reprenez maintenant l'expérience pour laquelle vous étiez motivé (que nous appelleront, expérience 1) et celle pour laquelle vous voudriez être motivé (expérience 2), et contemplez-les simultanément. Ce n'est pas si difficile. Imaginez votre cerveau comme un écran de télévision, avec une image divisée en deux, et observez les deux images en même temps. Il y a des différences entre les sous-modalités, n'est-ce pas ? Bien sûr, il était facile de le prévoir, puisque déjà des représentations distinctes produisent différents types de résultats au sein du système nerveux.

- Prenons maintenant ce que nous avons appris des sous-modalités qui nous motivent et pas à pas nous allons réajuster ces sous-modalités à l'expérience 2, de sorte quelles s'égalisent avec celles de l'expérience 1. Ces sous-modalités peuvent être différentes en fonction de la personne, mais le plus probable est que l'image de l'expérience 1 soit plus brillante que celle de la 2. En outre, elle sera plus nette et plus proche. Je vous demande que vous vous concentriez bien sur les différences présentes entre la première et la seconde, et que vous manipuliez la deuxième de sorte à ce qu'elle paraisse plus à la première. Par exemple, si l'expérience 1 était vue comme un film, et l'expérience 2 comme une image statique, convertissez l'expérience 2 en film. N'oubliez-pas de faire la même chpse avec les sous-modalités auditives et kinesthésiques. Faites-le maintenant.

Rappelez-vous que des représentation internes similaires produiront des états ou sensations similaires. Et de tels états ou sensations déclencheront des actions similaires. Par conséquent, si vous trouvez concrètement ce qui vous motive, vous saurez exactement ce que vous devez faire avant n'importe quelle expérience pour vous motiver chaque fois que vous le voudrez.

Vous rendez-vous compte à quel point un bon usage de ces outils vous permet de changer votre vie ? Que se passerait-il si tout ce que vous détestiez arrivait, que vous soyez obligé de le faire mais que vous le connectiez aux sous-modalités du plaisir ? Que dirriez-vous de prendre vos problèmes et d'en réduire la taille, et de prendre du recul para rapport à eux ? Les possibilités sont infinies. Vous êtes celui qui commande !

Il est important de se rappeler que comme toute autre capacité, celle-ci exige répétition et pratique. Plus vous répèterez consciemment ces simples changements de modalités, plus tôt vous atteindrez les résultas souhaités.

Comment détecter les stratégies mentales des autres

Il est posible de découvrir la stratégie mentale des autres personnes. Pour cela vous devez voir ce que vous ne pouviez pas voir avant, entendre ce que vous n'entendiez pas, ressentir ce que vous ne ressentiez pas et vous demandez des choses que vous n'aviez pas idée de demander avant. Si vous le faîtes avec élégance et attention, vous pourrez deviner les stratégies mentales de n'importe quelle personne.

Pour détecter les stratégies vous devez savoir que ces mêmes personnes vous diront elles-même ce que vous nécessité de savoir sur leurs stratégies. Elles sous le diront avec leurs nots, l'usage de leur corps, et même avec les mouvements de leurs yeux. Une stratégie n'est rien de plus qu'un ordre concret de représentations (visuelles, auditives, kinesthésiques, olfactives et gustatives) que produisent un résultat concret. La seule chose dont vous avez besoin c'est de réussir à amener cette personne vers votre expérimentation et prendre soigneusement des notes de choses concrètes qu'elle accomplit, vous pourrez ainsi lire en elle comme dans un livre ouvert.

Avant de pouvoir détecter efficacement les stratégies mentales d'une personne, vous devez savoir chercher. Vous devez savoir quelles sont les clefs qui révèlent quelle partie de son système nerveux utilise une personne à chaque instant. Les gens ont tendance à utiliser une partie déterminée de leur système neurologique (la partie visuellem auditive ou kinesthésique) plus que d'autres. Nous devons par conséquent savoir quel est le système de représentation des personnes avant de pouvoir deviner leurs stratégies. Celles qui sont majoritairement visuelle tendent à considérer le monde en images. Comme elles tentent de suivre le rythme de leurs images mentales, elles ont tendance à parler vite, sans se soucier de ce qu'elles vont dire. C'est tout simplement parce qu'elles essaient de transformer les images en mots. Elles utilisent beaucoup de métaphores visuelles dans leur manière de s'exprimer.

Les personnes de type auditif ont l'habitude d'être plus sélective quant au vocabulaire qu'elles utilisent. Elles parlent à un rythme plus lent, régulier et mesuré. Comme les mots signifient beaucoup pour elles, ielles ont l'habitude de faire attention à ce qu'elles disent.

Les personnes majoritairement kinesthésiques sont encore plus lentes. Elles réagissent principalement aux sensations tactiles. Elles ont souvent la voix grave et carillonnante. Elles utilisent souvent des métaphores du monde physique.

Nous avons tous des éléments des trois modes, mais dans la plus grande partie d'entre nous prédomine un des systèmes. Quand vous étudierez les tratégies des personnes pour comprendre comment elles prennent des décisions, il vous faudra savoir quel est leur système de représentation principal, afin de contrôler le message de façon à ce qu'il leur parvienne. Lorsque vous devrez parler avec une personne de type visuel, il ne vous servira à rien de parler en faisant des pauses et de respirer profondément. Avec ela vous réussirez seulement à le faire sortir de ses gonds. Nous devons exprimer notre message de sorte à ce qu'il corresponde au style de fonctionnement de l'esprit de l'autre personne.

Il suffit d'observer et écouter ce qu'elle dit pour tirer une conclusión des systèmes qu'elle utilise, mais avec la PNL, nous utilisons des indicateurs encore plus spécifiques pour trouver ce qui se passe dans l'esprit d'un individu.

La sagesse traditionnelle dit que les yeux sont les fenêtres de l'âme, et l'on a découvert que cela est beaucoup plus certain que ce que l'on croyait. Il n'y a aucun mystère parapsychologique là-dedans. Simplement en faisant attention aux yeux d'une personne, nous pouvons voir immédiatement si à un moment donné elle emploie le système de représentation visuelle, auditif ou kinesthésique.

Répondez à 1 question suivante : De quelle couleur était la porte de la maison dans laquelle vous viviez lorsque vous aviez 13 ans ? Prenez un moment pour vous souvenir. En répondant à cette question, 90% des personnes regarderont vers le haut ou vers la gauche. C'est comme cela que la majeure partie des personnes (droitiers et gauchers) cherchent l'accès aux images visuelles dont nous voulons nous rappeler.

Répondez maintenant à la question suivante : Comment verriez-vous un éléphant rose avec des pois jaunes à l'intérieur d'un réfrigérateur ? Vos yeux se sont probablement dirigés vers le haut cette fois-ci et à droite pour accéder aux images construites (qui ne sont pas des souvenirs) mentalement.

Lorsque vous parlez avec quelqu'un, celui-là observe vos mouvements occulaires. Si par exemple, les yeux de votre interlocuteur vont vers le haut et vers la gaucge, c'est qu'il vient d'extraire une image de sa mémoire. S'ils vont maintenant à la hauteur de l'oreille gauche, c'est qu'il écoute quelque chose. S'ils vont vers le bas à droite, la personne accède à la partie kinesthésique de son système de représentation. De la même façon, lorsque vous avez des difficultés à vous rappeler quelque chose, cela est probablement dû au fait que vous ne positionner pas vos yeux dans une position qui vous donne accès avec clareté à l'information dont vous avez besoin. Lorsque vous avez besoin de vous rappeler quelque chose, regarder en bas à droite ne vous aidera pas. Regardez en haut à gauche et vous pourrez récupérer l'information recherchée.

En résumé, lorsqu'une personne regarde :

- En haut à gauche : Visuel dont on se souvient (Voir des images vues avant)

- haut à droite : Visuel construit (Voir des images jamais vues avant)

- Sur le côté, à gauche : Auditif dont on se souvient (Se rappeler des sons entendus avant)

- Sur le côté, à droite : Auditif construit (Écouter des sons jamais entendus avant)

- En bas à gauche : Auditif digital (lorsque vous parlez avec vous-même).

- En bas à droite, Kinesthésique (Emotions et sensations tactiles).

Ce que nous avons vu jusque là est la formule basique pour détecter les stratégies mentales de n'importe quelle personne, mais pour en tirer le plus de profit nou devons connaître plus de détails concernant les phases de cette stratégie. Nous devons ajouter à nos schéma les sous-modalités. Par exemple, si la stratégie d'achat d'une personne commence avec le visuel : « Qu'est-ce qui attire son attention sur notre produit ? Les couleurs vives ? Les dessins et le design moderne ? » Si c'est une personne auditive : « Les moteurs puissant et que l'on fait rougir l'attirent-elle ? Ou préfère-t-elle un mécanisme plus doux et bien ajusté ? » Connaître la sous-modalité d'une personne est un premier pas décisif. Mais nous avons besoin de plus d'information afin de jouer les bonnes cartes.

La vente et l'un des domaine oú la compréhension des stratégies d'autrui est fondamentale. Le vendeur qui apprend à détecter ces stratégies connaîtra avec exactitude les besoins de ses clients, ce qui lui permettra de les satisfaire pleinement.

6 étapes techniques pour atteindre la maîtrise de ses émotions.

Il est important d'apprendre à utiliser les émotions négatives pour ce qu'elles sont, appelées par l'action, autant que de s'engager à cultiver les émotions positives. Remarquez que nos émotions positives sont de réels antidotes pour les appels à l'action. Rappelez-vous que tout le sentiment que vous expérimentez, bon ou mauvais, vient de la signification que vous donnez auc chises qui vous entourent, de votre propre interprétation. Chaque fois que vous commencez à vous entir mal, demandez-vous : « Qu'est-ce que cela signifie ? »

Ces étapes vous permettront de rompre avec la rapidité des émotions négatives, les schémas négatifs et vous pourrez tirer bénéfice de ces actions, en tirer des enseignements pour le futur et éliminer rapidement la douleur qu'elles provoquent.

Étape 1 – Identifier ce que vous ressentez réellement.

Prendre un momento pour identifier ce que vous ressentez vraiment et commencer à questionner vos propres émotions est suffisqnt pour diminuer l'intensité émotionnelle que vous ressentez. Vous pourrez ainsi affronter la situation avec plus de facilité, plus rapidement.

Demandez-vous : « Suis-je vraoment énervé ? Ou s'agit-il d'autre chose ? Quelque chose me dérange ? »

Étape 2 – Reconnaître et apprécier ses émotions

Reconnaissez et appréciez vos émotions, sachant qu'elles vous aideront. Remerciez le fait qu'une part de votre cerveau vous envoie un signal d'appui, un appel à l'action pour effectuer un changement, que ce soit par votre perception ou vos actions.

Étape 3 – Avoir de la curiosité pour le message

Ayez de la curiosité pour le message que vous offre cette émotion. Si vous vous trouvez dans un état mental dans lequel vous êtes vraiment curieux d'apprendre, cela causera une interruption de vos émotions instantanément et vous permettra d'en apprendre beaucoup sur vous-même. Lorsque vous commencerez à ressentir l'émotion, vous ressentirez de la curiosité pour ce qu'elle a réllement à vous offrir.

Si vous vous sentez seul par exemple, attisez votre curiosité et demandez-vous : « Est-il possible que j'interprète mal la situation ? La solitude que je ressens m'indique-t-elle que je devrais agir, salir plus et me lier aux gens ? »

Les 4 questions suivantes vous aideront à ressentir de la curiosité envers vos émotions :

1. Qu'est-ce que je souhaite réellement ressentir ?

2. Qu'est-ce qu'il faudrait que je ressente pour me sentir comme je me sentais ?

3. Qu'est-ce que je suis prêt à faire pour trouver une solution et gérer cela tout de suite.

4. Que puis-je apprendre de cela ?

Étape 4 – Ayez confiance en vous

Ayez confiance en vous (pensez aux expériences passées). Faites-vous confiance, vous pouvez gérer cette émotion maintenant. La façon la plus rapide, facile et puissante de gérer toute émotion réside dans le fait de se rappeler un autre moment oú vous avez ressenti une émotion similaire. Vous pourrez ainsi vous rendre compte que vous arrivez à gérer cette émotion avec succès. Si vous l'avez maîtrisé par le passé, vous la maîtriserez aujourd'hui également.

Si vous avez déjà ressenti ce même signal qui vous pousse à agir, vous disposez déjà d'une stratégie qui s'approche de celle pour changer vos états émotionnels. Pensez maintenant à un autre moment oú vous avez ressenti les mêmes émotions, et à la façon dont vous les avez affrontées positivement. Utilisez cela comme modèle ou comme liste récapitulative afin d'agir de la même façon avec pour objectif de changer vos émotions.

Devez-vous changer vos perceptions ou vos actions ? Qu'est-ce que vous auriez fait dans d'autres occasions ? Cela change-t-il quelque chose sur ce qui attire votre attention ? Avez-vous commencé à agir différemment ? Si vous agissez de la même manière maintenant vous obtiendrez des résultats similaires.

Étape 5 – Assurez-vous de toujours pouvoir manier vos émotions

Assurez-vous de toujours pouvoir manipuler vos émotions, pas seulement aujourd'hui, mais également dans le futur. Imaginez-vous, écoutant et ressentant que pouvez gérer différentes situations avec facilité. Si vous vous le répétez avec assez d'intensité émotionnelle vous créerez une voie neuronale sûre.

Anotez également 2 ou 3 façons de changer votre perception ou vos actions lorsque survient le signal d'action.

Étape 6 – N'hésitez-pas et agissez

Ne restez pas bloqué par les émotions qui vous limitent. Exrpimez-vous en créant un changement de vos perceptions ou actions.

Le pouvoir est entre vos mains. Il s'agit de votre vie, vos émotions, votre destin.

Technique de la PNL permettant d'éliminer l'inquiétude et l'anxiété

Exercice

Pensez à une situation qui vous stresse et qui doit bientôt arriver ; par exemple une réunion comliquée ou une présantation importante.

1. Imaginez l'événement se produisant dans le futur. Observez-vous à ce moment-là.

2. Avancez maintenant un peu plus dans le futur, 15 minutes après le franc succès de votre intervention. Soyez conscient de ce que vous voyez, écoutez et ressentez. Utilisez tous vos sens pour graver votre succès dans votre mémoire.

3. Revenez ensuite au temps présent et pensez de nouveau à l'événement et observez comment vous vous sentez en ce qui concerne votre succès.

4. Restez au temps présent et notez le changement concernant votre inquiétude ou anxiété.

Cette technique vous aidera à changer les coryances qui vous limitent en permettant à votre esprit de réaliser et effectuer l'événement avec succès. Lorsque l'événement arrivera réellement, vous vous serez déjà entraîné et cela réduira votre anxiété et vous aurez plus confiance en vous.

La technique du cercle d'excellence

Le cercle d'excellence est technique puissante qui vous permet de recréer mentalement une situation future. En voici les étapes :

1. Créez un cercle dans votre appartement en utilisant une corde, une craie ou imaginez-le simplement.

2. Pensez à une situation difficile que vous devrez affronter prochainement, par exemple une présentation, une entrevue ou une réunion. Prenons la présentation comme exemple, évaluez le public, les messages clefs, votre style préféré, le résultat souhaité, le temps accordé, etc.

3. Décidez des ressources ou capacité dont vous allez avoir besoin. Pour le cas d'une présentation, vous aurez besoin de confiance, clareté, connaissance de l'équipement, de pouvoir penser librement et répondre aux questions, de bien gérer votre temps, d'une posture relaxée, de contrôler vos nerfs et votre respiration, connaître le sujet, savoir créer une certaine harmonie, etc.

4. Recréez vos expériences fructueuses passées, jusqu'à avoir toutes les ressources nécessaires pour affronter le nouveau défi.

5. Faites un pas à l'intérieur du cercle et revivez l'expérience passée. Utilisez-tous vous sens, visualisez-vous, éprouvez vos sentiments, écoutez les sons qui vous entourent.

Utilisez une technique d'ancrage, touchez par exemple votre bras pour penser à votre ressource positive.

6. Répétez les 5 étapes pour toutes les ressources que vous nécessitez. Remarquez que vous vous sentez différent.

7. Projetez-vous dans le futur et imaginez-vous lors de l'événement avec toutes les capacités et ressources nécessaires à votre disposition, comme si elles vous suivaient, et voyez comment se passe l'événement.

8. Sortez du cercle.

9. Essayez de voir comment vous vous sentez par rapport à l'événement et déterminer si vous avez besoin d'autres ressources. Revenez à la présentation prise en exemple, ressentez, écoutez, et imaginez-vous faire la présentation avec succès comme si elle avait lieu aujourd'hui. Imaginez-la avec le plus de détails possibles, les vêtements que vous voyez, ce que les gens disent, comment vous vous sentez, etc.

Schémas de redéfinition pour changer le focus d'attention et élargir la carte mentale.

Dans leur forme la plus simple, les schémas de redéfinition ont pour but de changer un jugement négatif en un jugement positif. Ces schémas nous permettent de changer notre focus d'attention ou d'élargir nos cartes mentales en ouvrant de nouvelles perspectives. Rappelez-vous vous nous ne voyons pas le monde tel qu'il est, puisque chaque chose peut être interprétée de nombreux points de vue différents.

Existe-t-il une une expérience qui ne peut pas être modifiée ? Ce sur quoi j'ai le plus insité dans ce livre est que c'est vous qui commandez. C'est vous qui dirigez votre cerveau. Vus produisez les résultats que vous voulez dans votre vie. Les schémas de redéfinition sont un des moyens les plus influents qui existent pour vous faire changer d'opinions à propos de votre expérience.

Étape 1 : Intention positive ou bonne intention

Il s'agit pour vous de découvrir la bonne intention qui se cache derrière ce qui vous limite.

Le recadrage de contenu

Au lieu de changer le contexte, recadrer le contenu implique d'altérer notre perspective concernant un comportement donné ou une situation. Le recadrage de contenu implique d'examiner la « bonne intention » que se cache derrière le comportement d'autrui. Un des principes fondamentaux de la PNL réside dans l'importance de séparer ou différencier le comportement d'une personne de sa bonne intention.

Un adolescent peut par exemple se sentir attaqué si son père critique constemment ses idées, mais cette sensation peut disparaître lorsque l'adolescent s'ouvre à l'idée que cela part d'une bonne intention. Par conséquent, la fonction d'un bon critique est de détecter ce qui manque à une idée ou à un plan pour éviter tout problème. De cette façon, un père peut être dans la position de critique afin de protéger son fils et éviter qu'il se fasse du mal ou soit déçu.

Recadrer le contenu implique donc de déterminer la potentielle bonne intention cachée derrière un comportement problématique.

Comment recadrer les critiques

Les personnes critiques sont souvent considérées comme plus difficiles à gérer au sein d'une interaction d'après leur apparente négativité et leur tendence à trouver des problèmes avec les idées et suggestions des autres. Il leur plaît d'agir dans un « cadre problématique » ou « cadre d'échec », à la différence des rêveurs qui agissent depuis le « cadre « et si… » », alors que les personnes réalistes agissent depuis un « cadre objectif » ou un « cadre de rétroaction ».

L'un des principaux problèmes des critiques est quelles sont généralement exprimées sous forme de jugements généralisés ou absolus, par exemple, « cette idée ne fonctionnera jamais » ou « Ce n'est pas un plan réaliste », etc. Le problème avec ce type de généralisations verbales vient que, du fait de la façon dont elles sont exprimées, nous ne pouvais qu'être d'accord ou complètement en désaccord avec elles. De cette façon la critique conduit à la polarisation et finalement au conflit si l'un des deux est en désaccord.

Les problèmes les plus difficiles se présentent lorsque le critique, critique non seulement l'idée ou plan, mais qu'il porte aussi atteinte à la personne.

Il est important de ne pas perdre de vue que le comportement critique, comme tout autre comportement, est motivé par une bonne intention correspondante.

Générer des affirmations positives à partir de bonnes intentions

L'uns des problèmes avec les critiques est quelles sont généralement exprimées en termes de négations verbales, par exemple, « éviter le stress » au lieu de « se sentir plus détendu », c'est-à-dire que beaucoup de critiques sont marquées par ce dontvous ne voulez pas plutôt que ce que vous voulez. Par conséquent, une capacité cruciale pour gérer les critiaues et transformer les « cadres problèmes » en « cadres objectifs » est la capacité à reconnaître la bonne intention des critiques et de les exprimer en termes d'affirmations positives.

Transformer la critique en question

Une fois déterminée et exprimée la bonne intention en termes positifs, la même critiaue peut être changée en question. Transformer une critique en question change également les options de réponses, car cette critique n'est plus exprimée en termes de jugement ou généralisation.

Exemples :

Au lieu de dire « Ceci est trop cher », vous pouvez dire « comment va-t-on le payer ? »

Au lieu de dire « Cela ne marchera jamais » vous pouvez dire « Comment mettrais-tu cette idée en pratique ? »

Au lieu de dire « Cela requiert trop d'effort » vous pouvez dire « Comment cela pourrais-tu rendre cela plus facile, plus simple ? »

En transformant les critiques en question nous arrivons à maintenir le propos de la critique mais son résultat en est plus productif. Il est important de noter qu'il s'agit principalement de questions liées au « comment ». Les questions associées au « pourquoi » présupposent généralement d'autres jugements qui peuvent mener au désaccord.

résumé, afin d'aider une personne à être un critique constructif, ou un conseiller utile, nous devons :

1. Découvrir le but caché derrière la critique.

2. S'assurer que la bonne intentation s'exprime positivement.

3. Convertir cette critique en question, en utilisant de préférence le « comment ».

Schéma 2 : Redéfinition

Cela consiste à substituer l'un des mots utilisés dans la déclaration de croyance par un nouveau dont le sens est similaire, mais qui entraîne des implications différentes.

Redéfinir constitue un manière simple et efficace d'ouvrir de nouveaux canaux de pensée. Par exemple, dire « C'est trop cher pour moi » et dire « Je ne peux pas me le permettre pour cette fois » ont une signification similaire, mais ont des implications différentes que nous servent pour attirer notre attention sur le fait qu'une possibilité existera dans le futur. Ces simples changements impliquent des processus cognitifs qui nous permettent de percevoir différemment nos expériences.

Un autre bon exemple est le recadrage d'un mot ». Au lieu de dire « douleur » vous pouvez dire « inconfort ». Dans ce cas, le mot « inconfort » possède en son sein la suggestion implicite de « confort », cependant, alors que le mot douleur ne possède aucune nuance positive.

Les redéfinitions nous permettre de « transmettre le message » et en même temps éviter des accusations ou implications négatives.

Schéma 3 : Analogies et métaphores

Consiste à trouver une relation analogue à celle définie en croyant que cela questionne ou renforce la généralisation définie par la croyance.

Au sein de la PNL, nous appelons cela comparer latéralement. Cela consiste à chercher des métaphores que nous apportent une nouvelle perspective à propos de ce qu'impliquent nos généralisations ou jugements. Par exemple, nous pouvons dire que « l'incapacité d'apprendre » est comme « une faille dans un programme informatique ». Cela nous conduira automatiquement à poser des questions comme « d'où vient la faille ? », « quelle en est la cause, et comment se peut-elle corriger ? ».

Toutes les métaphores peuvent être bénéfiques dans un contexte donné et nous limiter dans d'autres. Avoir une seule métaphore limitera pour beaucoup votre vie.

Les métaphores peuvent changer le sens associé à quoi que ce soit, changer le sens lié à la douleur ou au plaisir, et ainsi changer votre vie. Choisissez-les avec précaution et intelligence pour quelles approfondissent et enrichissent votre exprérience de la vie et de celle des personnes qui vous sont importantes.

Transformez-vous en « détective de métaphores ». Chaque fois que vous écoutez quelqu'un utiliser une métaphore qui impose des limites, intervenez, interrompez-le, et offrez-lui une nouvelle métaphore. Faites-le pour vous et pour les autres.

Rappelez-vous que les métaphores que nous utilisons déterminent nos actions. Faites attention de ne pas transférer les métaphores appropriées dans un contexte, comme l'environnement dans lequel vous travailler, dans un autre contexte, qui par exemple se rapporte à votre famille ou vos amis.

Types de raisonnements

Selon l'anthropologue Gregory Bateson, il existe trois types de raisonnements : inductif, déductif et abductif.

Le raisonnement inductif implique de classifier des objets ou phénomènes particuliers selon leurs caractéristiques communes, les oiseaux ont, par exemple, tous des plumes.

Le raisonnement déductif implique de réaliser des prédictions concernant un objet déterminé ou un phénomène basés sur leur classification, en utilisant la forme « si – donc ». Par exemple, « Tous les hommes sont mortels, Socrate est un homme, Socrate est mortel ».

Le raisonnement par abduction implique de chercher des similitudes entre les objets et les phénomènes. Par exemple : « Les hommes meurent, l'herbe meurt, Les hommes sont de l'herbe ».

Raisonner exclusivement au travers des modalités inductive et déductive peut nous créer une certaine rigidité dans notre façon de penser. La pensée abductive ou métaphorique nous apporte donc une créativité majeure et peut nous mener à découvrir des vérités plus profondes sur la réalité.

Schéma 4 : Changement d'objectifs

Cela consiste à trouver un autre objectif dans lequel será impliquée la croyance, afin d'en questionner ou renforcer la pertinence.

Un objectif concret crée un cadre qui détermine ce que vous percevez comme pertinent et le place à l'intérieur du cadre, et ce que vous trouvez impertinent est à l'inverse mis hors du cadre. Par conséquent, en fonction de nos objectifs, différents comportements seront perçus comme pertinants ou impertinants. Ainsi, en modifiant nos objectifs, nous changerons également nos jugements et nos perceptions à propos de ce que nous trouvons pertinent ou impertinent concernant ce contexte particulier.

Par exemple, supposons qu'une personne se sente frustrée car elle n'a pas obtenu les résultats souhaités lors d'une activité. Il est commun que les personnes ressentent cela lorsqu'elle avait pour objectif de « tout bien faire comme il faut ». Cependant, si nous changeons l'objectif dans l'optique « d'explorer », « apprendre » ou « découvrir quelque chose de nouveau » nous pouvons altérer la forme dont nous interprétons les expériences qui surviennent. L'échec que pourrait entraîner l'objectif de « tout bien faire comme il faut » se transforme em succès quand il s'agit de « découvrir quelque chose de nouveau ».

Exercice

1. Pensez à une situation dans laquelle vous vous sentez frustré ou avez échoué.

Par exemple, parler en public devant mes collègues et le gérant de l'entreprise dans laquelle je travaille.

2. Quel jugement négatif avez-vous porté à propos de vous-même ou à propos d'autrui dans cette situation ?

Par exemple, si je suis nerveux quand je parle en public, je montre de la faiblesse et de l'insécurité.

3. Quel objectif est implicite derrière ce jugement ? Par exemple, Ne jamais être nerveux pour parler en public.

4. Par quel autre objectif pourriez-vous remplacer le vôtre, et qui le ferait paraître moins important le jugement négatif ou qui vous permettrait de voir les conséquences de la situation comme un apprentissage au lieu d'un échec ?

Par exemple, parler avec le plus de personne posible pour apprendre de chaque expérience.

Selon l'angle de vue de la PNL, changer d'objectif sert à « recadrer » notre perception de l'expérience et le recadrage est pour cela l'un des processus fondamentaux qui intervient dans le changement.

Étape 5 : Recadrer et changer la dimension de votre cadre

Consiste à révaluer ou renforcer l'implication de la croyance au niveau d'un cadre temporel majeur ou mineur, d'un plus grand nombre de personne ou d'une seule, ou d'une perspective plus ou moins vaste.

Les cadres ou recadrages psychologiques se rapportent au focus d'attention de nos pensées et actions lors d'une interaction et déterminent quelle information garder ou rejeter. Un souvenir douloureux peut par exemple nous briser et absorber toute notre attention dans un cadre temporel de 5 minutes, mais cela peut cependant paraître dérisoire lorsque nous contemplons la durée d'une vie.

Entre les cadres les plus utilisés de la PNL, se trouvent le cadre « objectif », le « et si » et celui de « l'apprentissage d'une leçon face à l'échec ».

Un cadre objectif consiste à maintenir l'attention sur l'état et l'objectifs souhaités. Le cadre objectif peut être mis en contraste avec un cadre problème, lequel centre son attention sur les symptômes indésirables pour en trouver les causes, tandis que le cadre objectif se concentre sur l'état souhaité et détermine les ressources nécessaires pour l'atteindre.

Questions d'un Cadre Objectif :

Qu'est-ce que je veux ?

De quelle façon puis-je l'obtenir ?

Quelles ressources avons-nous de disponible ?

Questions d'un Cadre Problème

Qu'est-ce qui est mal ?

Qu'est-ce qui l'a provoqué ?

Qui en est le responsable ?

Pour utiliser le cadre objectif nous devons transformer les affirmations de problèmes en affirmations d'objectifs. Selon la PNL, tous les problèmes peuvent être recadrés et vus comme des défis ou opportunités de changement et d'apprentissage.

Les autres cadres de la PNL fonctionnent de la même manière. Le cadre « et si » cinsiste à agire cmme si vous aviez déjà atteint l'objectif ou l'état souhaité. Le cadre « enseignement face à un échec » centre son attention sur le fait d'interpréter les problèmes ou erreurs en enseignements, vus comme de nouvelles informations pour pouvoir faire les corrections nécessaites et atteindre son objectif.

Recadrage

Recadrer implique la réinterpétation des problèmes et trouver des solutions en substituant le cadre dans lequel ils sont perçus. Recadrer signifie littéralement mettre un nouveau cadre autour d'une image ou d'un d'une expérience. Depuis le point de vue de la psychologie cela signifie changer une signification en le transposant à l'intérieur d'un cadre ou contexte différent de celui dans laquelle elle a été perçue initialement.

EN PNL, recadrer implique de positionner un nouveau cadre mental autour d'une expérience ou une situation augmentant notre perception de façon à pouvoir la manipuler avec le plus de ressources et sagesse possible.

Changer la dimensión du cadre

Ce schéma implique de révaluer l'implication d'une action ou d'un jugement donné dans un cadre temporel plus long ou plus court, avec le plus de participants ou d'un point de vue individuel, d'une perspective majeure ou mineure.

Observez que le processus de changement de dimensión du cadre est différent du processus de changement d'objectif. Une personne peut maintenir le même objectif et changer la dimension du cadre afin d'évaluer ses progès jusqu'à l'atteinte de cet objectif.

La taille du cadre que nous apprécions détermine en grande partie la signification et l'importance de ce que nous serons en mesure de percevoir, grâce à l'association d'un outil important et d'une résolution efficace de problèmes.

Exercice

1. Pensez à une quelconque situation qui vous emble difficile, désagréable ou douloureuse.

Par exemple parler en public.

2. Depuis quel cadre observez-vous la situation ? (c'est-à-dire, avec des résultats immédiats, avec des conséquences à long terme, en groupe, individuellement, etc.)

Ça m'inquiète par exemple de penser que je vais exposer mes idées à la prochaine réunion et je veux donner une bonne impression.

3. Changez la taille du cadre en le faisant croître pour englober plus de personnes, plus de temps, un système majeur, etc. Reserrez-le jusqu'à n'englober qu'une seule personne, un lapse de temps plus court, un événement déterminé, etc. Observez comme cet exercice mental change vos perceptions et les conclusions que vous tiriez de cette situation. Ce qui peut paraître un échec vu sur un court terme est nécessaire à la réussite lorsque vous portez votre vision à long terme.

4. Quelle serait le cadre temporel (plus ou moins long), le nombre de personnes (plus ou moins grand) ou la plus ou moins grande perspective qui changerait votre jugement ou vos généralisations à propos de la situation afin qu'elle soit plus positive.

Par exemple, en considérant toutes les réunions et présentations que je vais faire tout au long de ma vie, ce qui arrivera à la prochaine réunion ne me semble plus si important.

Les schémas de « changement de dimension de cadre » et « changement d'objectif » sont connus en PNL comme recadrage de contexte et de contenu.

Recadrage de contexte

Le Recadrage de contexte est lié avec le fait de que des expériences données, que ce soit de vos comportements ou d'événements, ont différentes implications selon le contexte dans lequel elles se produisent. Le jugement de chacun dépend de l'interprétation des conséquences que provoque un contexte donné.

L'une des valeurs de la PNL affirme que « tout comportement est utile dans un certain contexte ».

Étape 6 : Le Méta Miroir et la PNL

Essayez l'exercice suivant (originellement développé par Robert Dilts en 1988) pour découvrir différentes perspectives au moyen des trois positions de perception. Il vous faut utiliser trois chaises et vus devez bouger de l'une à l'autre à mesure que vous réalisez l'exercice.

Première position : Asseyez-vous sur la première chaise pour observer la situation d'un point de vue personnel. Que suis-je en train de penser, sentir, écouter, en train de me dire, ce que je suis en train de de vivre à mesure que je regarde la seconde chaise (qui représente l'autre personne impliquée) ?

Deuxième position : Avancez vers la seconde chaise et imaginez-vous à la place de l'autre personne. Que ressentez-vous, pensez, vivez, à mesure que vous regardez la personne de la première chaise ?

Troisième position : Avancez vers la troisième chaise et observez les « personnes » sur les deux autres chaises. Regardez comment répond chaque personne à l'autre et à la situation. Observez-vous dans la première position et donnez-vous un conseil.

Vous pouvez répéter l'exercice en retournant vous asseoir sur les chaises et voir comment la situation a pu changer en fonctions des différents points de vue. Soyez conscient du moindre changement face à votre interprétation de l'événement ainsi que des diverses options dont vous disposez, qui vous semblent maintenant plus évidentes.

Prenez maintenant une minute pour pensé à 3 situations de votre vie qui vous dépassent. De combien de façons différentes peuvent être vues chacune de ces situations ? Combien de cadre réussissez vous à disposer autour d'elles ? Que vous apporte le fait de les voir de différentes manières ? Remarquez-vous que de nouvelles perspectives s'offrent à vous, vous permettent d'agir différemment ?

Schéma 7 : Les questions résolvent les problèmes

La manière la plus puissante de maîtriser votre point de vue est de poser des questions. Votre cerveau vous propose des réponses pour tout ce que vous lui demandez et celles-ci sont la clef pour ouvrir notre potentiel illimité.

Ce ne sont pas les événements qui déterminent comment nous nous sentons et agissons, mais la façon que nous avons d'interpréter et d'évaluer les expériences de la vie. Si nous voulons changer la qualité de notre vie nous devons changer les questions que nous nous posons généralement. Ces questions dirigent notre point de vue, et par conséquent détermine la façon dont nous pensons et comment nous nous sentons.

La différence entre les personnes réside dans les différentes questions quelles se posent consciemment.

Quelle est la façon la plus rapide de changer votre point de vue ? Seulement en vous posant une autre question. Rappelez vous que votre destin dépend non seulement des questions que vous vous posez, mais aussi de celles que vous ne posez pas.

Rappelez vous que votre cerveau, tout comme le génie d'une lampe magique, vous offrira ce que vous demandez. Prenez-donc garde à ce que souhaitez, parce que vous trouverez ce que vous cherchez. Si vous vous sentez réellement triste, il n'y a qu'une seule raison… et c'est parce que vous supprimez toutes les raisons pour lesquelles vous poudriez vous sentir bien. Et si vous vous sentez bien, c'est parce que vous supprimez toutes les mauvaises choses sur lesquelles vous pourriez vous concentrer.

Si vous vous demandez : « Qu'ai-je réellement fait de grand dans ma vie ?». Si vous maintenez votre attention sur la réponse, vous pourrez commencer à vous sentir vraiment bien. Si vous vous sentez contrariez, l'une des meilleures choses peut-être de vous demander : « Que puis-je apprendre de ce problème pour que cela ne m'arrive plus ? »

Exercice

Les 7 questions suivantes vous aideront à résoudre vos problèmes :

1. Ce problème est-il si grave que cela ?

2. Qu'est-ce qui n'est pas encore parfait ?

3. Que suis-je prêt à faire pour obtener ce que je veux ?

4. Que suis-je prêt à laisser pour obtenir ce que je veux ?

5. Comment puis-je bénéficier du processus, en même temps que je fais le nécessaire pour réaliser ce que je veux ?

6. Que puis-je apprendre de cela ?

7. Comme puis-je l'utiliser en ma faveur ?

8. Que ferait une personne X dans cette situation ?

Schémas de langage

L'un des domaines clef de la PNL est la façon dont on communique à travers le langage. Ce que vous dîtes et comment vous le dîtes affecte d'autres personnes et peut les influencer ou les convaincre d'une certaine façon. Vous devrez écouter avec beaucoup d'attention ce que dit l'autre, en noter les mots et les phrases.

Le style de langage intervient normalement de façon inconsciente et la communication est meilleure lorsque les personnes utilisent des styles similaires. Les schémas de langage, connus en PNL comme Métaprogrammes, se développent tout au long de la vie. Les différentes expériences de la vie changent l'usage que l'on en fait.

Les gens perçoivent et interprètent les situations à travers les mots que nous employons (l'usage des schémas).

Les Métaprogrammes

Les métaprogrammes sont des sortes de « filtres » par le biais desquels nous voyons la réalité et créons notre carte du monde. Notre cerveau fonctionne comme un ordinateur qui traiterait une énorme quantité de données, et nous organisons ces données dans des structures déterminées grâce aux métaprogammes. Ils nous indiquent ce à quoi nous devons prêter attention, quelles conclusions tirer de nos exprériences et quelles en seront les implications.

Le fait de comprendre les métaprogrammes des autres nous permet de construire une harmonie et de communiquer de façon plus efficace avec eux. Généralement, les personnes avec des schémas de langage similaire, ont également des schémas de comportements semblables. Chaque personne à des métaprogrammes favoris et pour que la communication soit efficace, vous devez utiliser les mots et phrases appropriés à l'autre personne (c'est-à-dire juste, de la bonne façon, au bon moment).

Normalement les métaprogrammes se présentent sous forme de paires et les pôles qui les composent expriment des façons opposées de percevoir et raiter l'information. Quelques exemples des métaprogrammes principaux :

S'éloigner/S'approcher

S'éloigner

Les personnes qui sont dirigées par ce métaprogramme tendent à éviter, exclure, reconnaître et empêcher les problèmes. Elles se focalisent sur le négatif et cherchent à éviter les problèmes. Pour parler avec des personnes de ce métaprogramme vous devrez utiliser des mots ou phrases négatifs ou qui éloigne la personne de la situation. Par exemple, « Si tu ne fais pas ce projet, tu peux travailler dans... », « Si tu n'atteins pas ton but, alors... »

S'approcher

Les personnes qui utilisent ce métaprogramme tendent à se concentrer sur le fait de réussir, réaliser, obtenir. Elles se focalisent généralisent sur le positif et les objectifs qu'elles veulent atteindre. Pour faire face aux personnes qui font partie de ce métaprogramme vous devrez utiliser de mots ou phrases positifs ou des mots qui rapprochent la personne d'un objectif. Par exemple, « Nous visons une augmentation de 5% des ventes le mois prochain », « l'avantage d'obtenir ce bonus est... »

Global/Détails

Global

Les personnes qui utilisent ce métaprogramme ont tendance à utiliser une image générale, une vision panoramique, un ordre aléatoire. Pour interagir avec ces personnes vous devrez utiliser des mots ou phrase d'image globalisante. Par exemple, « En général, qu'est-ce que cela signifie ? »

Détails

Les gens qui utilisent ce métaprogramme ont tendance à se concentrer sur les détails, les séquences, l'exactitude et la précision. Pour interagir avec elles vous devrez utiliser des mots ou phrases avec des détails. Par exemple, « le deuxième semestre de l'année suivante notre croissance sera de 15 % ».

Interne/Externe

Interne

Les personnes qui utilisent ce métaprogramme ont tendance à se concentrer sur leur intérieur, l'usage de leurs propres sentiments, elles s'autocontrôlent, elles aiment prendre leurs propres décisions. Pour interagir avec elles vous devrez utiliser des mots ou phrases ayant rapport avec leurs sentiments. Par exemple, « Ça dépend de toi, c'est toi qui décides ».

Externe

Les personnes qui utilisent ce métaprogramme ont tendance à être dépendantes des autres. Elles sentent que le contrôle dépend des autres et elles nécessitent qu'on les fasse réagir. Avec ces personnes, vous devrez utiliser des mots ou phrases incluant d'autres personnes. Par exemple, « Mon chef a dit que je ne peux pas faire ça », « Cela a marché pour d'autres personnes ».

Tourné vers le passé/ vers le futur

Tourné vers le passé

Les personne qui utilisent ce métaprogramme se concentrent sur le passé. Vous devrez utiliser des mots ou phrases concernant le passé. Par exemple, « La dernière fois que j'ai fait cette présentation... »

Tourné vers le futur

Les personnes qui utilisent ce métaprogramme se concentrent sur le futur. Vous devrez utiliser des mots ou phrases concernant le futur. Par exemple, « Dans 5 ans, je veux être... »

Options / Procédés

Options

Les personnes qui utilisent ce métaprogramme ont tendance à essayer de nouvelles choses et se concentrent sur les chois qui s'offrent à elles. Elles aiment la variété et savent apprécier différentes possibilités. Elles commencent des projets, mais ne les terminent pas toujours. Vous devres utilisez un vocabulaire proposant des options. Par exemple, «Vous pouvez choisir la couleur qui vous plait »

Procédés

Les personnes qui utilisent ce métaprogramme ont tendances à suivre les règles établies. Elles suivent les méthodes et procédés donnés. Elles aiment avoir des instructions précises, respectent les limites de vitesse, etc. Vous devrez utiliser des phrases et mots comportant des procédés clairs et définis. Par exemple, « Vous devez suivre les étapes 1 à 10 ».

Proactive/ Réactive

Proactive

Les personnes qui utilisent ce métaprogramme profitent de la vie lorsqu'elles sont dans l'action, prennent le contrôle, mènent l'action. Elles aiment être en charge, trouver des solutions, avancer plus vite. Vous devrez utiliser des mots ou phrases en lien avec l'action. Par exemple, « Vous devez le faire maintenant ».

Réactive

Les personnes qui utilisent ce métaprogramme ont tendances à attendre que d'autres prennent le contrôle. Elles analysent les possibilités et objectifs, attendent les instructions, avancent lentement. Vous devrez utiliser un champ lexical tournant autour de l'attente. Par exemple, « Attendons de voir ce que dit le gestionnaire ».

Métamodèle

Pour toute personne intéressée par la PNL, le métamodèle est un outil incroyable et c'est d'ailleurs la première chose enseignée aux cours menant à la certification. Il est idéal pour mettre au clair ses pensées, recadrer ses croyances limitatrices, et montrer comment les processus de pensée d'une personne peuvent affecter son comportement.

Nous utilisons inconsciemment 3 philtres ou processus pour chaque conversation. Ces filtres suppriment, distordent, généralisent. Les filtres transforment ce que nous ressentons (avec nos sens) en pensée et peuvent fonctionner de façon positive ou négative.

L'effacement : Être sélectif par rapport aux expériences que l'on veut vivre, et choisir d'omettre certaines informations, parce qu'une part en est effacée. Par exemple, l'on peut dire qu'un projet va bien car tous les jalons ont été franchis, et omettre que les coûts ont pesés sur le budget.

Distorsion : Se base sur les mots ou actions des autres pour en tirer une signifaction qui n'est pas certaine. Lorsque vous entendez par exemple rire quelqu'un, et que vous pensez qu'il rit de vous.

Généralisation : Consiste à croire qu'une chose est universelle quand elle n'est basée que sur une expérience limitée. En généralisant, nous développons inconsciemment des règles qui peuvent être certaines, mais également erronées.

Les questions du métamodèle

Lorsque vous identifier un filtre de langage, vous pouvez vous poser certaines questions afin de mieux comprendre ce qui se dit. Ces questions peuvent vous aider à réunir plus d'information (en cas d'effacement), éclairer une signification (en cas de dsitorsion) et identifier une limite (en cas de génñeralisation).

Filtre: L'effacement (omettre des informations)

Lorsque nous détectons une omission, notre objectif sera de réunir le plus d'information afin de clarifier. Nous pouvons poser nous demander : « Qui, Quoi, Où, Quand, Comment ? » Nous pouvons également utiliser les mots « exactement », « spécifiquement », « précisement ».

Exemple : Si quelqu'un dit « C'était bien », demandez « Quel aspect était spécifiquement bien ? »

Filtre: Distorsion (changer la signification)

Lorsque nous détectons une distorsion, notre objectif sera de comprendre le sens réel du message ou de l'expérience. Nous pouvons poser des questions liées au comment et à ce qui est évident. Par exemple, « Qui le dit ? », « Comme le sait-il ? »

Exemple : Si quelqu'un vous dit « Si durant le dîner de la compagnie vous vous asseyez à côté du gérant, cela veut dire que vous serez promu », demandez-vous « La garantie d'avoir une promotion est-elle assurée ? »

Filtre : Généralisation (former un principe général à partir d'une expérience donnée)

Lorsque nous observons une généralisation, notre objectif sera d'élargir la conversation le plus loin possible des limites établies par la personne. Nous pouvons poser des questions pour nous assurer que la généralisation est bien vraie ou non.

Exemple : Si quelqu'un vous dit : « Tout est faux », demandez : « Tout ou seulement une partie ? ». Si quelqu'un dit : « Ça arrive tout le temps », demandez : « Toujours, ou parfois ? »

Guide simplifié du métamodèle

Le problème avec le métamodèle est qu'il peut être un peu difficile à maîtriser. Il a quelques années de cela, Genie LaBorde (en se basant sur le travail de John Grinder), réalisa une version simplifiée du métamodèle qu'il appela « **Les cinq pointeurs** ». Ce processus présente les éliminations, généralisations et distorsions communes qui créent des confusions, des ambiguités, entraîne des interprétations (plutôt que des observations) et des suppositions dans notre communication.

1. **Sustantifs** (Questions: Quoi ou qui spécifiquement ?)

2. **Verbes** (Question : Comment ?)

3. **Règles** (Questions : Qu'arriverait-il si…?)

4. **Généralisations** : (Questions: Tout ? Toujours ? Jamais ?

5.?) **Comparaisons** (Question : Mieux que ? Comparé avec ?)

Genie les appelles les cinq pointeurs car il associe chacun d'entre eux à un doigt de la main, dans le but de les apprendre plus rapidement et d'avoir un meilleur temps de réaction lorsqu'il observera une transgression du Métamodèle. L'index représente les substantifs, le majeur les verbes, l'annulaire les règles, l'auriculaire les généralisations et le pouce les comparaisons.

Prenons par exemple cette phrase, qui est pleine de trangressions du métamodèle :

« Ils disent que le changemenr climatique détruira la planète dans peu de temps ».

Comment pouvons nous faire changer cette croyance ? Par où commencer ?

Genie LaBorde recommance que nous commencions d'abord par les substantifs non spécifiés. Nous pourrions ainsi nous demander « Qui a spécifiquement dit le changement climatique détruirait le monde ? ». Nous pouvons ensuite continuer avec le verbe non spécifié, détruire. À quoi ressemblerait exactement le monde une fois détruit ? Et nous continuons ainsi jusqu'à affaiblir la croyance.

Comment appliqueriez-vous les cinq pointeurs si quelqu'un vous disait :

- « Ils me détestent tous ».

- « Cela ne fonctionnera jamais ».

- « C'est lui qui convient le mieux pour ce travail ».

- « Nous devrions arrêter ».

Le métamodèle et les cinq pointeurs peuvent élever vos capacités à un autre niveau. Le problème est la plupart des personnes qui l'étudient ne s'en servent pas. Le métamodèle est vital pour communiquer et comprendre les personnes avec qui vous aurez à faire affaire tout au long de votre vie, je vous recommande donc de l'apprendre et l'utiliser

L'Ancre

L'ancre est un stimulus qui vous rappelle un événement et qui peut changer votre état positivement ou négaticement. Les stimulis peuvent impliquer tous les sens (la vue, l'ouïe, le toucher, le goût, l'odorat) et peuvent être internes ou externes. Cela peut se présenter sous forme de mot, phrase, peut être un contact, un objet. Les ancres sont très puissants car ils donnent un accès instantanné à des états d'une grande force.

Nous utilisons tous constemment des ancrages. Il est en réalité imposible d'arrêter. Tout ancrage est une association qui se crée entre les pensées, idées, sensations ou états et un stimuli donné.

Rappelons-nous l'expérience de Pavlov. Le docteur Pavlov laissait renifler de la viande à des chiens affamés, ceux-ci commençaient alors à produire de la salive tant le stimulus était puissant. Lorsqu'ils se trouvaient dans un état de salivation intense, Pavlov faisait sonner une sonnette. Peu après la viande n'était plus nécessaire pour engendrer la salivation. Il suffisait aux chiens d'entendre la sonnette et ils commençaient le processus comme s'il leur avait présentée la viande. Un lien neurologique s'était créé entre le son de la sonnette, les sensations de faim et le reflet de la salivation.

Nous vivons également dans un monde plein de stimulis et réponses, de sorte qu'une grande partie du comportement humain est basée sur des réponses programmées inconsciemment. Par exemple, sous des conditions de tensions, certaines personnes allument automatiquement une cigarette, boivent de l'alcool ou ingèrent des drogues. La clef est de se rendre compte du processus, de sorte que les ancrages existants deviennent inutiles et puissent être éliminés et substitués par de nouveaux liens stimuli-réponse.

Comment se créent les ancres ?

Chaque fois qu'une personne est dans un état de grande intensité, et si, dans ces conditions lui est fourni au même moment un stimuli particulier qui correspond avec le point culminant de ce stimulus même, un lien neurologique sera créé entre elle et le stimulus.

La plupart d'entre nous se créent des ancrages au hasard. Les messages de la télé, radio et vie quotidienne nous bombardent. Certains se transfment en ancres et d'autres non, en grande partie par hasard. Si quelqu'un se trouve dans un état puissant (positif ou négatif), et qu'il entre en contact avec un stimuli donné, il y a plus de probabilités que ce stimulus devienne ancrage.

Le processus pour créer un ancrage, pour soi ou autrui, réside en deux phases. Dans un premier lieu, vous devez vous mettre dans l'état dans lequel vous voulez vous ancrer. Une fois fait, vous devez vous administree plusieurs fois le même stimuli spécifique et exclusif, lorsque vous atteignez le point culminant de votre état.

Une autre manière de créer un ancrage chez quelqu'un est de lui demandez de se rappelez les fois où il voulait accomplir sa volonté. L'objectid est qu'il vive cette expérience de façon à être entiérement lié à elle et qu'il ressente les mêmes sensations dans son organisme. Quand cela arrivera, vous pourrez observez les changements physiologiques (expressions faciales, posture, respiration). Lorsque vous remarquez que le point culminant est proche, administrez rapidement et plusieurs fois un stimuli concret et bien défini, par exemple, une légère pression sur l'épaule.

Récapitulons, les clefs pour un bon ancrages sont :

- L'intensité du stimulus : Pour que l'ancrage soit efficace, le sujet doit complétement fusionner et être en totale harmonie avec son organisme, au moment où on lui administre le stimulus. Si vous essayez lorsque la personne pense à autre chose, le stimulus sera associé à des signaux différents et ne sera pas efficace.

- Synchronisation avec le point culminant de l'expérience : Le stimuli doit être administré au point culminant de l'expérience. S'il est administré avant ou après, il perdra de son intensité. Pour savoir à quoi correspond cet état, vous devez observer la personne, ou simplement lui demander directement de vour le dire.

- L'exclusivité du stimulus : Le stimulus doit envoyer au cerveau un signal différent et inimitable. Une poignée de main ne serait pas indiquée, puisque c'est un geste plutôt habituel. Les meilleurs ancrages sont ceux qui combinent différents systèmes de représentation (visuel, auditif, kinesthésique, etc.).

- Répétition du stimulus : Pour que l'ancrage fonctionne il faut le respecter de forme exacte.

Exercice

Sélectionnez trois états ou sensations que vous aimeriez avoir à votre disposition. Ancrez-le à une partie concrète de votre corps, de sorte que vous pouviez y accéder facilement. Disons que vous vouliez avoir la capacité de prendre des décisions rapidement et avec sécurité. Supposons aue pour ancrer cette sensation vous décidiez d'utiliser la phalange de l'index de votre main droite.

Pensez maintenant à une opportunité de votre vie dans laquelle vous vus sentiriez totalement sûr et décidé. Rentrer mentalement dans cette situation et plongez-y totalement. Refaites l'expérience. Au point culminant, lorsque vous vous sentez décidé et sûr, énettez une pression sur la phalange et dites mentalement « Oui ! ». Pensez maintenant à une expérience similaire, et lorsque vous atteignez le point culminant, pressez de nouveau votre phalange et pensez au même mot. Faites le 6 ou 7 fois pour accumuler une série d'ancrages puissants. Pensez ensuite à une décision que vous devez prendre, prenez en considération tous les facteurs que vous devez connaître pout la prendre et lancer le signal de l'ancrage.

Final

La maîtrise de toutes ces habilités produit une synergie incryable, car elles se renforcent entre elles. Je suis convaincu que vous avez compris et mis en pratique la pouvoir de cette technique et que vous continuerez de l'utiliser pas seulement aujourd'hui, mais durant toute votre vie.

Nous avons appris que la qualité de votre vie dépend de la qualité de votre communication, qui s'entend de deux façons. La première est la communication avec vous-même. La signification de n'timporte quelle expérience est la signification que vous lui donnez. Nous pouvons envoyer à notre cerveau de puissants signaux positifs pour qu'il travaille en note faveur, ou des signaux de prohibition pour qu'il nous persuade de notre incapacité à accomplir certaines choses. Nous ne pouvons pas retourner dans le temps et changer ce qui s'est déjà passé, mais nous pouvons contrôler nos représentations internes de sorte que cela soit positif dans le futur. La deuxième façon de communiquer et celle que nous avons avec les autres. Utilisez ce que vous avez appris pour découvrir ce qu'elles attendent, afin de vous transformer en un communicateur plus efficace et maître de vos ressources.

« Si vous faîtes ce que vous avez toujours fai, vous n'irez pas plus loin que jusqu'où vous êtes déjà allés » – Anonyme.

Made in the USA
San Bernardino, CA
12 November 2016